『和创造世界名牌的人
一起放飞梦想』

把梦想装进瓶子的可口可乐

ba mengxiang zhuangjin pingzi de kekoukele

崔剑剑 ◆ 编著

吉林出版集团有限责任公司

图书在版编目（CIP）数据

把梦想装进瓶子的可口可乐 / 崔剑剑编著. -- 长春:吉林出版集团有限责任公司, 2013.11

（和创造世界名牌的人一起放飞梦想）

ISBN 978-7-5463-6971-6

Ⅰ.①把… Ⅱ.①崔… Ⅲ.①彭伯顿，J.S.（1831~1888）—生平事迹—青年读物②彭伯顿，J.S.（1831~1888）—生平事迹—少年读物 Ⅳ.①K837.125.38-49

中国版本图书馆CIP数据核字（2013）第269117号

把梦想装进瓶子的可口可乐
BA MENGXIANG ZHUANG JIN PINGZI DE KEKOU-KELE

编 著:	崔剑剑	
项目负责:	陈 曲	
责任编辑:	陈 曲	
出 版:	吉林出版集团股份有限公司	
发 行:	吉林出版集团社科图书有限公司	
电 话:	0431-81629727	
印 刷:	北京一鑫印务有限责任公司	
开 本:	710mm×960mm 1/16	
字 数:	100千字	
印 张:	12	
版 次:	2014年3月第1版	
印 次:	2019年7月第2次印刷	
书 号:	ISBN 978-7-5463-6971-6	
定 价:	23.80元	

如发现印装质量问题，影响阅读，请与出版方联系调换。0431-81629727

序 言
PREFACE

梦想与生命共存　传奇与我们同在

当你拥有这套《和创造世界名牌的人一起放飞梦想》系列丛书并真正读懂它的时候，祝贺你，你已经向成功又迈近了一大步，并可以为自己的人生勾画一张蓝图了。

开卷有益，我们不是猎奇，不是对世界名人和超级品牌的奇闻轶事简单地一声惊叹，而且通过阅读，让我们的视野变得更加开阔，让我们能够更好地认识这个世界，并找到适合自己的成功之路。

这是一套全方位满足你阅读愿望的好书，文字鲜活，引人入胜。这里有商界巨鳄的传奇创业故事，也有他们普通如你我的日常生活，当你随着一行行文字重走他们的人生之路时，你的心一定会在波澜起伏中感到一种快意。或许他们的成功不能复制，但是他们的坚韧、执着、宽容——这些成功的要素，我们可以复制。

通过阅读名人的成长故事，重温名人的创业之路，我们会发现，健全的人格、自由的意志、高远的理想、敢于实践的勇气、高瞻远瞩的见地、坚毅勇敢的性格、理性处世的原则、独立思考的习惯、幽默风趣的表达方式……一个人成功的诸多要素都以具体而形象的方式展现在你的面前。

每个人都有自己的生活轨迹，然而成功之路殊途同归，这一路上你的行囊里必须要装入梦想、希望、宽容和坚韧。

请给自己一个梦想吧！梦想是成功的种子，梦想是希望的支点。从这套书中你会发现，每一个了不起的品牌里都承载了品牌创始人那激越的梦想。是梦想，让他们充满激情，斗志昂扬；是梦想，在困境中带给他们希望，让他们有了坚持下去的勇气；是梦想，激励他们不断向前进！

为梦想不懈地努力吧！从这套书中你会明白，任何人的成功都不会一帆风顺，在鲜花和掌声的背后，有太多不为人知的痛苦。那些创业中的失败、徘徊和挫折，对我们来说更具有启迪的价值。真正的勇敢者，并不是无所畏惧，而是在面对挫折的时候，能及时调整自己，正视艰难困苦，不放弃希望。所谓成功，不过是努力的另一个名字罢了。

伟大的戏剧家莎士比亚曾说："一个最困苦、最卑贱、最为命运所屈辱的人，只要还抱有希望，便无所怨惧。"

生命只有一次，让我们在阅读中汲取无穷的力量吧！《和创造世界名牌的人一起放飞梦想》系列丛书会带你走进一个传奇世界，仔细阅读并把你的梦想付诸实践，你也许会成为下一个传奇。

带上我们的梦想启程，为我们璀璨夺目的人生而奋斗！

目 录
Content

前　言
Introduction

　　美国人开玩笑说，他们不知道是否有上帝存在，但他们相信，如果有上帝的话，他的手里一定攥着一瓶可口可乐。在电影《上帝也疯狂》中，他们居然让"上帝"从空中扔下了一瓶可口可乐！

　　可口可乐，这个最成功的饮料，已经成为了美国文化符号的象征。据说，每一秒钟，地球上就有两万多人同时畅饮可口可乐。可口可乐不仅在全球软性饮料市场占有率高达五成，年销量更超过10亿瓶大关，仅仅是以玻璃瓶计算，人们一年喝掉的可口可乐，就相当于一个西湖的水量。

　　1885年圣诞节，美国政府颁布了一条影响深远的禁酒令，为了响应政府的法令，亚特兰大市要在7年之后成为禁酒城市。这让很多嗜酒如命的酒鬼叫苦不迭，也让酒店老板感到前途渺茫。

　　有一个名叫约翰·彭伯顿的商人却很高兴。约翰·彭伯顿的身份比较复杂，他的一个身份是药剂师，另一个隐秘的身份是私酒贩子。在禁酒令颁布之前，他私下里生产了一种特殊的药酒——古柯酒，这种神奇的古柯酒里有两大成分，一是古柯叶，当时被认为是兴奋剂和春药的主要成分，另一种成分叫作可乐果，原产于非洲，这种植物里可以提炼出一种生物碱，今天的学名叫作咖啡因。

禁酒令一颁布，造酒的商人觉得前途渺茫，而约翰·彭伯顿却觉得是自己扩大生产的好机会。因为古柯酒的主要卖点并不在酒精上，而是在其他的香精和兴奋剂上，他要做的就是将古柯酒中的酒精成分去掉，创造一种全新口感的饮料。约翰·彭伯顿认为，消费者的习惯是可以培养的，既然无法出售酒精，就培养大家消费饮料的习惯。

1886年，美国乔治亚州的亚特兰大市，约翰·彭伯顿在自家后院的地窖里，把糖及其他原料混合在一个三脚壶里，用半截旧船桨搅拌混合成一种深色糖浆，希望调制出更符合病人喜爱的药用糖浆。没想到的是，彭伯顿打翻了桌子上的苏打水瓶，彭伯顿一边手忙脚乱地整理原料，一边无意中喝了一口作为药剂的原料，尝起来冰爽可口且回味绵长，感觉奇妙极了。这种误打误撞得来的药剂，成为了有史以来最畅销的软性饮料可口可乐的原型。一次小小的制药失误，却成就了一段企业神话。

本来，约翰·彭伯顿给这种汽水起的名字叫"古柯柯拉"，这体现了一个药剂师的风格：严谨而毫无趣味。后来，约翰·彭伯顿的合伙人兼会计师罗宾逊建议用"Coca-Cola"为这种神奇的魔水命名，并用流畅的斯宾塞字体书写——一个后来风靡世界的名字就这样诞生了。流畅的字母书写，红色具有活力的瓶子，伴随着打开瓶盖让人怦然心动的响声，随后带来的是畅饮的刺激、清凉、舒爽。

可口可乐充盈的气泡，略带焦苦的甜味，形成了它独特的口味，这种产品的特质别人无法模仿，更无法超越。这也给了我们启示，在芸芸众生里，高手能人比比皆是，我们也许做不到最好，但一定要做最独特的那一个。

100多年来，可口可乐虽然也有过短暂的摇摆和游移，但坚持了始终如一的口味和品质，这种执着和坚守的收获是，可口可乐已经如空气和水一样，融入到了我们的生活中，甚至一想起饮料就会首先想起可口可乐。

让可口可乐真正走向世界的，是一个名叫阿萨·坎德勒的商人，他苦心经营可口可乐公司30多年，将可口可乐品牌推向了全世界，阿萨·坎德勒虽然没能一直拥有可口可乐品牌，但是人们为了表彰他的贡献，尊称他为"可口可乐之父"。

阿萨·坎德勒一直对美国人宣传："无论你是喝香槟的富人，还是喝啤酒的穷人，都不能拒绝可口可乐的魅力。"在老少咸宜、贫富均可的思想指引下，可口可乐饮料迅速地成为美国文化符号的标志之一。

美国1776年建国，历史不过200余年，而可口可乐的历史就有100多年。一个现代的美国人，自呱呱坠地开始，人们婚丧嫁娶，欢聚畅饮，生命过程几乎都离不开可乐。因此，可口可乐就像是一种文化符号，已经根深蒂固在美国人的骨子里。

第二次世界大战以后，美国经济空前强盛，引发了人们对美国生活方式的空前向往，而此时，可乐就成了一种吸纳和接受美国文化的象征。当一个人品尝可乐的时候，他喝的不仅仅是一种碳酸饮料，而是一种流行和时尚。

可口可乐和中国有着近百年的不解之缘。在20世纪20年代曾经风靡中国的饮料，1979年再次来到中国这片热土，一个中国青年在长城脚下举瓶畅饮可口可乐的剪影，甚至登上了美国《时代》周刊的封面。外国媒体纷纷发表评论，这是中国人寻求变革的一个重要信号。可见，在世人看来，一瓶小小的可乐背后，释放的信息无比丰富，它象征着中国不再封闭落后闭关锁国，向世界展现了海纳百川的包容襟怀，汇入了改革开放的波澜壮阔的历史洪流。

每一位中国人，都怀着一个富民强国的中国梦。我们不应该仅仅是商业传奇的欣赏者，巨富奇迹的见证者，还应该看到在这些成功者的背后，百折不回的坚守和毅力，面对挑战的勇气和智慧，这些都是激励我们前行的雄壮乐章。

我们，需要一个梦想，需要一次出发。

Coca Cola

第一章　　从小药店开始的

大生意

Coca Cola

第一节　淘金路上的失意者

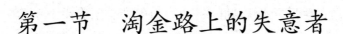

　　　　　　　一个人对待生活的态度是认真的、谨慎
的，那么生活一定会回报他。

　　1851年12月30日，阿萨·坎德勒出生在美国佐治亚州，作
为家里的第八个孩子，他深受父亲的疼爱，父亲对阿萨的期望
就是，想让他成为一名医生，或者是医学院的教授，甚至阿萨
的名字，都是当时一个著名医生的名字。可是，阿萨·坎德勒
并没有按照父亲的意愿行事，而是选择了经商创业。虽然他没
有实现父亲的愿望做一名伟大的医生，但是他的一生也足以让
父亲感到欣慰和荣光，因为他的名字与可口可乐紧紧联系在一
起，这种殊荣不是每个人都能获得的。

　　阿萨·坎德勒学习成绩很好，正当这个富家子弟有条不紊
地按照父亲的规划前行的时候，一场突如其来的变故，影响了
阿萨·坎德勒的一生。

　　阿萨·坎德勒在中学的时候，正赶上美国内战，他被迫中
断了学业，回到家里。这时候，阿萨的家道中落，父亲愧疚地
对儿子说："亲爱的儿子，最近战事吃紧，家里有些……"

　　阿萨·坎德勒第一次仔细看了看父亲，发现这个曾经心满

意足的商人，鬓角已经有了丝丝白发。他不禁心头一紧，抱住了父亲："爸爸，我明白，家里的一切困难我都明白，所以，我决定中断学业，帮助家里，咱们共渡难关。"

不久后，阿萨·坎德勒的父亲因为内外交困而患上了重病，他满怀歉意地看着19岁的儿子，既心疼又满意。心疼的是孩子这么小就要承担家里的重担，满意的是阿萨当上了学徒，是一个小小的男子汉了。

由于家庭经济状况的恶化，阿萨·坎德勒从锦衣玉食的公子哥，转变为操持家务的男子汉，这是生活对他的第一次考验。他对待生活的态度是认真的、谨慎的，生活一定会回报他。

1870年，阿萨·坎德勒选择了和医生接近的职业——药店的学徒，虽然没能按照父亲的意愿做一名医生，但是这已经是最接近父亲要求的职业了。在卡特斯维尔小镇的小药店当学徒，阿萨·坎德勒从看药方、抓药、包装开始，一步一步地学习药品属性和各种制药知识。两年辛苦的学徒生涯并没有使阿萨·坎德勒灰心丧气，反倒使他规划好了自己的未来职业，他决心要做一名药剂师。这是一项聪明的、理智的决定，阿萨·坎德勒做出了人生中最重要的选择。

药剂师是离医学最近的一种职业，也可以应用到阿萨·坎德勒在家里所学的知识。阿萨·坎德勒后来的成功告诉我们，人生中的第一个职业，并不一定是最完美的职业，只要你用心去做事，那么你的第一个工作即使离梦想很远，仍然是有价值的，至少，你在迈向成功的路上，前进了一大步。只要你有足够的能力，有足够的耐心，你完全可以取得最初的梦想中的成就。

阿萨·坎德勒的梦想并不是在一个小城里，每天为琐事忙碌，这个卡特斯维尔小镇仅仅是阿萨成功的起点。1873年，22岁的阿萨·坎德勒学徒期满，他将自己的行李装在了一个蓝色的手提箱里，箱子里还有阿萨的一个吉祥符——一只红色的蝴蝶。他认为这个幸运物会给自己带来好运，他希望自己的未来像蝴蝶一样，展翅高飞。阿萨·坎德勒挥泪辞别父母，踏上了去亚特兰大的旅程，和千千万万个充满梦想的年轻人一道，立志做一个大城市的"淘金者"。

来到大都市亚特兰大的时候，阿萨·坎德勒的口袋里只剩下1.75美元，他忍着饥饿，空着肚子在亚特兰大的街头徘徊。

阿萨·坎德勒先是意气风发，满怀自信地认为自己一定能找到一个称心如意的工作，但是从旭日东升到日落西山，他走遍了城市的每个角落，听到的答案只有一句话："对不起，你并不适合这里。"阿萨觉得自己仿佛走到了世界末日，自己也许是世界上最没有用的人。

在最悲观的时候，阿萨·坎德勒忽然想起父亲对自己的期望。父亲曾经说过："孩子，你知道我为什么想让你当医生吗？我觉得医生是世界上最伟大的职业。教师是给人以精神的新生，而医生就是给人以第二次肉体生命的人。孩子，如果说这个世界上的生命都是上帝创造的话，那么教师和医生，就是

仅次于上帝的人。"

阿萨·坎德勒耳边始终回想着父亲的教诲，为了这个世界上仅次于上帝的人，阿萨·坎德勒决定紧一紧腰带，再试验一次，碰碰运气。

晚上9点多，阿萨·坎德勒来到亚特兰大市樱桃大街的"大众药房"。脸庞红润的药房老板接见了这个小伙子，他觉得这个疲惫不堪又目光坚毅的小伙子是个独特的人，就勉强同意留下他试用。

被店主收留的那一夜，是阿萨·坎德勒一生中最难忘的一夜，因为他终于凭借自己的力量，收获了第一次成功。他已经忘却了身体的疲惫，全身心地投入到新的工作中去。虽然在药店的工作紧张而又辛苦，但通过阿萨·坎德勒自己的努力，他终于当上了药店的店员总管。

在药店里，阿萨·坎德勒不仅得到了职位的升迁，还收获了甜蜜的爱情。他和老板的女儿露西相爱了。阿萨认为这个有着蓝色眼睛的姑娘是世界上最美的女孩，可以终身相守。

但是，这段恋情没有被其他人看好，最主要的是药店老板也不同意这门婚事。谁希望自己的女儿嫁给一人穷小子呢？谁又能穿越时空，预见到阿萨·坎德勒未来的成就呢？毕竟，这个时候阿萨只是个一穷二白的药店员工，所以药店老板发了狠话："要想娶我的千金也可以，你要干出点大事来，否则，痴人说梦！"

俗话说，一个成功男人的背后，往往有一个贤惠的女人。阿萨·坎德勒后来创业的主要动力，是为了自己的爱情。

"我这辈子要是干不出点名堂来，不仅对不起自己的父母，也对不起我爱的人。为了他们的幸福，我要努力，我要坚持到底。"阿萨·坎德勒并没有屈服，倔强的他暗自许下诺言。

第二节 "幸福"的偏头疼

凡是成功人士，都善于利用和把握各种机遇，当有些人还在犹豫不决或是瞻前顾后的时候，他们往往能当机立断，抓住稍纵即逝的机遇。

阿萨·坎德勒无疑是个经商奇才。在大众药店的时候，他就积累了诸多的人脉。在积累了经商经验之后，1877年4月，雄心勃勃的阿萨与自己的好朋友马萨勒斯·霍尔曼合资开办了一家批发零售药材的公司，取名为"马萨勒斯德勒公司"，这样，阿萨·坎德勒终于实现了自己的梦想，成为一名有自由选择能力的老板。

一开始，药材公司的生意还可以，至少生活无忧，但是渐渐的，阿萨·坎德勒发现批发药材只是这个行业的下游产业。

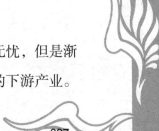

只有掌握了行业的上游产业，拥有知识产权的药方，才能获得更多的利润。于是，阿萨·坎德勒四处寻找能带来丰厚利润的药方。

时间到了1886年5月8日，阿萨·坎德勒寻觅到了一个天赐良机。

这一天，在亚特兰大市的一间实验室里，药剂师约翰·彭伯顿试制出一种药用糖浆，起名为Coca-Cola。

Coca是来自南美洲的一种植物，Cola是来自非洲的一种植物。有趣的是，这两种植物的成分和可口可乐没有一点关系，当初这么叫纯粹是为了说起来朗朗上口。

可口可乐糖浆最初是作为一种药用饮剂，在大众药房里销售。一个偶然的机会，彭伯顿不小心将可口可乐糖浆与小苏打和冰水混在一起，他好奇地品尝了一下，没想到味道好极了。很快，这次误打误撞的实验，带来了巨大的成功。

大众药店的门口同时挂出了一个招牌，上面写上了可口可乐最初的广告语——可口可乐，最好的醒神健脑饮品。同时，作为一种药剂，可口可乐还被赋予了治疗头痛病等功效，很多熟悉的老顾客常常来到大众药店，指名购买可口可乐，一时间，可口可乐在社区附近名声大噪。

最开始，阿萨·坎德勒也只是将可口可乐看作是一种健身药剂，并没有特别在意。可是，一件事情却改变了阿萨·坎德勒的看法。

阿萨·坎德勒患有严重的偏头疼，他的疼痛源自于一次意外。一天，阿萨·坎德勒和家人坐着一辆四轮马车，到郊外去游玩。乡间的小路十分颠簸，赶车的车夫又是个急性子，着急赶路。突然，马车撞到了路上的一块石头，车子一震，阿萨·坎德勒被弹出车外，摔得鼻青脸肿，更致命的是，一个车轮轧到了阿萨的脑袋，压迫了头部神经。经过医生的全力抢救，阿萨·坎德勒保住了性命，在家休养了半个多月。不过虽然没有生命之危，但是阿萨·坎德勒眼睛看不清东西，耳朵也听不见声音了，不仅如此，还终日胡言乱语，大家都以为他得了疯魔病，活不长了。

经过治疗，阿萨·坎德勒逐渐恢复了视力和听力，只是左耳还有点失聪。难过的是，阿萨·坎德勒患上了一种痼疾——偏头疼，他很快意识到，这将是一个缠绕自己终生的魔鬼。

"这是上帝惩罚我的，我或许犯了什么罪，这样的痛苦让我苦不堪言，我恐怕支撑不了太久了。"在给自己的哥哥华伦的一封信中，阿萨·坎德勒表达了对生命的绝望。

这时候，有人劝阿萨·坎德勒试试新产品可口可乐，阿萨·坎德勒尝了一下，疼痛马上就减轻了。从那时起，阿萨·坎德勒就下定决心，要深入了解这种新产品。他想知道可口可乐是谁发明的，里面有什么成分，还要怎样改进，等等。他发现这是约翰·彭伯顿的成果，非常高兴。这简直是交上了好运，这是他梦寐以求的东西。当然，他也听说过约翰·彭伯顿这个人，知道他享有优秀药剂师的美名。

阿萨·坎德勒立刻就对那个配方产生了兴趣，因为他需

要它。

试用过两次后，阿萨就下定决心要得到它，不出四个星期，他就搞到了配方。

阿萨·坎德勒是个精明的商人。他已经成功地推出了几种商业产品，包括漱口药和其他药物，这次，他看到了这种新产品的潜力和独特性。他认为，投资这种产品绝对有利可图。于是，阿萨·坎德勒着手进行这方面的投资。

阿萨·坎德勒有自己的药店，他有渠道能使可口可乐发展壮大。除了药店之外，他还拥有大量的存货，你想买的东西他都有，比如涂料、油类，等等。他是个出色的推销员，他在这方面的确有过人之处。只要是他信得过的产品，他都能推销出去。

阿萨·坎德勒做生意的典型方式：一旦他看到有价值的公司正朝着他预想的方向发展，即使别人并不十分情愿，他也会想办法从他们手里购得所有股份。

1888年，阿萨·坎德勒的头疼病又发作了，他觉得头痛欲裂，药店的员工建议他试试可口可乐。阿萨·坎德勒饮用之后，发现头疼的症状减轻不少。经过几个月的饮用，他的偏头疼病基本没有发作过，阿萨觉得可口可乐真是神奇的魔水。

阿萨·坎德勒觉得自己找到了一个巨大的金矿。

经过秘密调查，阿萨发现约翰·彭伯顿只是个出色的药剂师，并不善于商业经营。阿萨觉得这是个千载难逢的好机会，他决定入股可口可乐。渐渐地，阿萨发现约翰·彭伯顿的存在并不能给可口可乐的生产和发展带来任何收益，于是，他不想部分地接管一项管理不善的事业，阿萨·坎德勒的人生信条是：要么不干，要么完全控制！

阿萨·坎德勒好像是一个出色的猎手，他知道，约翰·彭伯顿对可口可乐的感情至深，如果表现出太浓厚的兴趣，一定会让约翰·彭伯顿起疑心。于是，他决定采用迂回战术，用暗战的方式取得可口可乐的配方股权。

阿萨·坎德勒不动声色，秘密开始了自己的计划。他发现约翰·彭伯顿的资金有限，更缺乏商业远见。机会终于来了，阿萨发现约翰·彭伯顿对于股权的控制并不十分在意，他便陆续拉朗姿、维纳布尔、沃克等人投资入股，生产可口可乐。但是，这些投资者目光短浅，他们认为投资最主要的目的就是获得更大的利润。开始的时候，这些合伙人的投资主要用在了生产设备和产品的广告宣传上，这些设备占用资金，所以可口可乐的生产并没有马上给股东带来丰厚的利润。

一天，约翰·彭伯顿的公司资金周转困难，连广告宣传的费用都拿不出来了，小股东沃克急忙找到自己的好朋友阿萨·坎德勒，进门就开门见山："阿萨，有件好事要告诉你，这是个很好的发财机会。"

阿萨·坎德勒已经从好朋友的神情中，看出了沃克的来意，不过他是一个沉得住气的好猎手，不会轻易泄露自己的真实意图。他装作若无其事地说："沃克，别胡说了，你能有什么好事，我听说，你最近手头很紧，怕是揭不开锅了，要向我

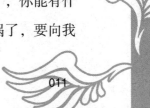

借钱吧。"

沃克对参股可口可乐的行为有些懊悔，不得不对好朋友和盘托出自己的苦恼："别提了，亲爱的阿萨，你一定要帮帮兄弟，我最近是遇到了大麻烦，该死的可口可乐，最开始我还以为是能发财的金矿，现在看却是鸡肋，继续投资，就是陷入一种赔钱的怪圈，而不投资，前面的积累就全都白费劲儿了。"

阿萨·坎德勒看事情正按照自己的规划发展，他装出对朋友的遭遇很同情的样子，爽快地说："说吧，沃克，你有什么话，可以对我直说。"

"好兄弟，我想请你帮我一次，入股投资。"

阿萨·坎德勒抑制住心中的狂喜，他知道，好戏还在后头，他开始胸有成竹地实施自己的计划，最开始，他并不急于投资，只投资了一小部分股份，保存了大量的现金。与此同时，他一再畅谈产品的前景，鼓动其他人加大投资额。没过多久，阿萨预期的结果出现了，很多投资者对可口可乐项目出现了动摇，认为这是个吞噬资金的无底洞，投入巨大而产出较少，大家纷纷失去了耐心，考虑将股权甩掉。

这一切，正是阿萨·坎德勒所期待的结果。于是，阿萨开始暗中收购可口可乐配方的股权。经过分期分批的收购，他终于获得了完全的股权，只用了不到半年的时间。

1888年8月30日，阿萨·坎德勒向彭伯顿支付了最后一笔款项——1000美元，终于如愿以偿，拥有了可口可乐的全部股权。阿萨·坎德勒前后总共花了2300美元，就成了可口可乐帝

和创造世界名牌的人

一起放飞梦想

Let the dream fly

国的主人。

阿萨·坎德勒满怀信心，干劲十足，他将这么多年苦心经营积累起来的资金全部投入到了可口可乐的生产中去。首要任务就是对这个配方做若干调整。阿萨·坎德勒将保密工作做得滴水不漏，产品的配方只能由他和他的儿子亲自调制，而且从未以书面形式出现在众人眼前。如果哪个雇员想知道那七种神秘配料是什么，也只能像所有的人一样去猜测，因为阿萨去掉了工厂里所有可口可乐瓶上的标签，调整配方让他们的产品有了更好的发展前景。

调整配方后的可口可乐，必须先去掉古柯叶中的古柯碱，即可卡因，这是一种额外的收获。阿萨和他的儿子在加工古柯叶的同时，还加工它的副产品，那是一种白色粉末——可卡因。他将这种粉末出售给其他药剂师，因为他不需要这种东西，他只需要古柯叶做香料。这样就在生产过程中产生了两种潜在的利润，既可以出售可口可乐，还可以出售副产品，真是一举两得。可口可乐中可乐果的含量也被削减了，它是提供咖啡因的原料，也是快感的源泉。早期这种饮料里确实含有限量的咖啡因，或许这也是可口可乐产生众多传闻的原因。随后，可口可乐新配方中的各种成分以阿萨预想的方式达到了平衡，这种饮料产生了令人心仪的口感。

历史上，凡是成功人士，都善于利用和把握各种机遇，当有些人还在犹豫不决或是瞻前顾后的时候，他们往往能当机立断，抓住稍纵即逝的机遇，最后获得成功。阿萨·坎德勒发现了可口可乐这个产品后，就敏锐地发现这个产品具有广阔的市场前景，他不惜用自己的后半生做赌注。

可口可乐刚诞生时，售价5美分，第一天只售出了9杯，第一年只赚了到50美元，连做广告的费用都不够。

1890年，阿萨决定专心来经营可口可乐，把别的生意都停止了，这是个具有冒险性质的决定，因为他将要放弃的是安稳的生活。如果是一个小富即安的人，他一定不会放弃每月收入不菲的药材商店。

阿萨·坎德勒认为，一个人要想做一件事，最好的方法就是全力以赴，如果三心二意，就分散了自己的注意力。虽然阿萨·坎德勒拥有的只是前途未卜的可口可乐，但这种不达目的誓不罢休的精神使得阿萨最后获得了巨大的成功。

阿萨·坎德勒发动了家族的成员，投身到自己认定的事业中，他经常鼓励大家，没有破釜沉舟的精神，就不会成就大事。于是，可口可乐这艘航船，在阿萨·坎德勒的指挥下，扬帆远航了。

第三节　成功的另一个名字

　　无论生意大小，都是积累信誉的最好时机，如果你品质始终如一，就会吸引更多的客户。

　　阿萨·坎德勒在市场销售中，发现可口可乐先前的定位有些缺陷，如果这种饮料仅仅是局限于药用饮剂，那么接受的大众仅仅是患有疾病的群体，如果改变销售策略，将之定位于大众喜爱的饮料，那么人人都能接受，销路自然也就有保障了。

　　因此，可口可乐的宣传语改为：清脑提神的魔水。

　　一天，阿萨·坎德勒正在公司清点货物，一个杂货商来到他的办公室，有些为难地说："阿萨老板，我有个小小的要求，您能不能让我的那桶可口可乐原浆拥有丰富的泡沫？"

　　阿萨一听，觉得这个要求虽然有些过分，但是为了公司的事业发展，就应该全心全意为经销商服务，于是，他对自己的侄子乔治说："你跑一趟，去给他的可乐原浆搅动出泡沫。"

　　乔治有些不情愿，他悄悄地对叔叔说："这种活儿，他自己就能干。"

　　阿萨对侄子的懈怠有些不满意，他语重心长地对乔治

说："乔治，是的，这是个无足轻重的小事，甚至那个杂货店老板自己就能干，但是我为什么要你亲自去呢？知道吗？这就是我们的服务宗旨，就好像一辆汽车，一个螺丝钉松动了，我们如果是汽车销售公司，就要上门服务。"

乔治到了那家杂货批发店以后，尽力搅动，使可口可乐原浆发出泡沫，直到那桶原浆的泡沫丰富无比，阿萨·坎德勒的服务意识感染了诸多经销商。俗话说，公司细节无小事，阿萨的真诚让他的公司越做越大。

一个周末的下午，工厂的工人大都放假回家了，工厂里只剩下几个留守值班的工人。这时，一个经销商托人给阿萨·坎德勒带话，他需要1加仑可口可乐原浆。加仑是容积和体积单位，有英制和美制之分，在美国，1加仑约等于3.785升。要是为了这几升饮料就开动机器，好像成本高了些。

乔治有些不耐烦，他觉得自己的叔叔对客户过于懦弱了，本来上次的事情他就有些想不通，这次又来了一个有过分要求的客户。

"叔叔，才1加仑，不值得开动机器吧，更何况还要给他们送去，这样的要求实在是太过分了。"乔治对叔叔说。

"孩子，看来你还没有从上次的事情中吸取教训。我不是说了吗？生意没有大小之分，只有做和不做的区别。"看着侄子的态度，阿萨·坎德勒有些失望。

乔治还是有些不服气，他决定对付对付这个客户，心不在焉地加工原浆。

"乔治，我看你根本不懂得尊重别人，知道吗？你这样的行为不是在侮辱顾客，而是在砸自己的招牌。1加仑的原浆，确实是微不足道，如果不能保持我们产品的统一标准和味道，我们失去的不仅仅是一个客户，而是更多的潜在客户。"阿萨·坎德勒马上叫停了侄子的工作。

乔治只好乖乖地按照叔叔的要求，勾兑了原浆，然后亲自送到客户手里。

阿萨·坎德勒掌握了经商的不二法门，就是无论生意大小，都是积累信誉的最好时机，如果你品质始终如一，就会吸引更多的客户，而你做得千好万好，如果有一次懈怠，就会流失更多的客户。阿萨至少遵循了两条商业法则：一是顾客就是上帝的服务意识，二是一丝不苟的品牌质量意识。

阿萨有一句座右铭："今天损失的可口可乐，明天再也补不回来。"从细微处着手，认认真真地做着每一笔生意，并力图把生意做好，这使得许多客户从他那里得到了足够的尊重，感受到了阿萨的自信。因此，所有的客户都乐于和阿萨做生意，也相信阿萨的可口可乐原浆的产品质量。于是，阿萨的客户越来越多，生意也越来越大。

阿萨的故事告诉我们：细节决定成败，成功的另一个名字是——坚持。

第四节　　酒好也怕巷子深

> 品牌的力量就是，制造的不仅仅是产品，更是一种文化。

俗话说得好，酒好也怕巷子深。阿萨·坎德勒为了让市场接受全新口味的可口可乐，想了各种招数，有些策略现在还被商家所采用。

阿萨·坎德勒首先在各大报纸做大幅广告，这种地毯式轰炸的广告宣传，使得大众迅速地接受了可口可乐。

接着，阿萨·坎德勒让员工站在亚特兰大的街上，向行人发放赠券，凭着赠券可以在当地销售点免费领取一杯可口可乐。阿萨·坎德勒充分揣摩了消费者的心理，知道大众都喜欢占点小便宜，可口可乐公司要做的就是先让可乐成为大众的生活必需品，如果等你尝过之后，在日常生活中喜欢上了它的口味，以后再喝可口可乐就要付钱了。

在可口可乐公司的草创阶段，可口可乐是作为药剂配制的，可口可乐最初的销售好像是一次神圣的仪式，需要一个打扮时尚的员工，先搅拌原料，然后摇匀泡沫，最后倒出爽口的可乐，俨然是一次赏心悦目的表演。

阿萨·坎德勒让他的侄子们掌握了这套仪式，让他们驾着马车周游美国各地，马车后面装着一桶桶糖浆，到城镇和乡村去做推销，每到一处，他们就到药店去培训员工配制饮料的方法，然后用赠饮的方式召集人群，并郑重其事地表演一番。

最初的时候，大家只是围观，互相议论这些看起来古怪的表演，但是没有人敢到近前，慢慢地，有些年轻人带着女友过来小坐，相对喝上一杯爽口的可口可乐，大家一看这种聚会的方式比酒吧文明、高雅，于是，在药店聚会小酌成为一种新时尚。

阿萨·坎德勒认为，让一个产品深入大众日常生活的方法，就是要使它成为人们的日用品，可口可乐就该这样。阿萨亲自发明了一种饮料托盘，这个托盘的特别之处，在于上面印有美女图案，这个美女在畅饮可口可乐。在每个饮料售卖点，无论你买什么产品，都会附赠一件带有可口可乐LOGO的赠品。比如书签、集邮册、旅行袋和小钱包等，分发到成千上万的人手中。他还发明了带有可口可乐标识的日历、海报，以及挂在药店入口处的挂帘。这样，在20世纪初，可口可乐的广告信息覆盖面非常广，远远超过了其他任何一种消费品。

可口可乐公司还借助名人的声誉来宣传"可口可乐"。他们曾经请过大都会歌剧院一位名叫路易·艾那迪卡的歌剧明星；还请过一个名叫希尔达·克拉克的女杂技演员；她们的形象出现在碟子、海报和各种促销品上面，以吸引顾客的眼球；甚至棒球明星运动员也为可口可乐产品大打广告。

和创造世界名牌的人

一起放飞梦想

Let the dream fly

阿萨·坎德勒在广告方面很有洞察力。他发现人们喜欢和那些生活富有、名声在外的人以及他们做的广告联系起来，因此可口可乐便成了人人都可能拥有的产品。作为一位信念坚定的商人，阿萨·坎德勒认定，他销售的可口可乐是一种消遣品，定价一定要让普通消费者认为合理适中，他信奉那句广告语："富人喝香槟，穷人喝啤酒，可口可乐是他们共同的选择。"

阿萨·坎德勒凭着对商机的敏锐洞察力和对市场的远见卓识，把一个普通的饮料变成了世界性的符号。可口可乐成为了碳酸饮料的象征，被推向了全世界。

阿萨·坎德勒买下可口可乐之后，做了很多影响深远的商界承诺，他拟定了三项商业法则，比如他向消费者承诺，如果您觉得不满意，无条件退货。这意味着可口可乐对自己的产品有足够的自信，另一方面也意味着可口可乐公司对消费者负责，充分尊重消费者的选择权。阿萨·坎德勒还向经销商承诺，生产商和销售商的关系，并不是买卖关系，而是一种利润共赢的共存关系，他强调利润共享。阿萨认为每加仑的可口可乐能有30美分的利润，这是可口可乐的终极目标，他留给经销商充分的定价权，30美分利润之外的盈利，都归属于经销商，这样，在保证公司既得利益的同时，也保证了产品的高端定位。

阿萨·坎德勒还对经销商实行返点政策，只要经销商的销售额超出合同规定的上限，就给经销商返点，额度越大得到的返点越多。这种刺激销售的方法，至今仍被诸多商家奉为营销至高准则。

经过阿萨的综合治理，可口可乐公司每年销售大约4000万杯可乐，拥有流动资金20多万美元，厂房的价值也高达5万美元。这在当年绝对是天文数字。阿萨·坎德勒将可口可乐公司带上了发展的快车道。

阿萨·坎德勒说过一句名言："我有这样的自信，即使有一天我的所有工厂都被一场莫名的大火烧毁，即使遭遇到金融危机，我们的现金流都阻断了，我们的公司也不会毁灭，只要给我留下可口可乐的保密配方，我就会在第二天重新崛起，这就是品牌的力量。"

阿萨·坎德勒这样说，是有着足够的资本的，因为可口可乐的营销模式就是，制造的不仅仅是一种饮料，更是一种美国文化。

Coca Cola

第二章　　抓住机会的手

Coca Cola

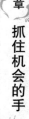

第一节　你不知道的真相

关注企业营销战略，就好像我们在欣赏人生美景，欣赏的是人生的精彩过程，获得有益启发，而结果便显得没那么重要了。

阿萨·坎德勒的事业很快步入了发展的快车道，可口可乐的生产基地遍布美国各地：1895年，可口可乐公司在芝加哥、达拉斯和洛杉矶等地建立了加工厂，到了1909年，全美已有近400家可口可乐生产厂家。

阿萨·坎德勒是一个有自知之明的领导者，他对可乐产品并没有什么意见，倒是对可乐的容器有些不满意，因为最初可口可乐是作为药剂出售的，所以装可乐的容器是一个圆滚滚的陶罐，但是这种容器笨重，且不方便饮用。于是他决心从容器入手，改变可乐的销售方式。

"我一直有一个梦想，让大家一摸到我们的瓶子，就知道是可口可乐，而不是别的产品。所以，我想设立一个最佳瓶子设计奖。"阿萨·坎德勒对手下说。

阿萨·坎德勒亲力亲为，他设计了中间鼓胀的玻璃瓶和铁瓶塞，取代了原来笨重的陶罐。

"这个瓶子不算是设计，只能算是抛砖引玉，希望将来能有人取代我的设计，这一天总会到来。"阿萨谦虚地说，他知道前进的道路没有终点。

这款新设计在密西西比州率先推出，结果大受欢迎。因为这样一来，一些小业主就可以很方便地将可口可乐送到消费者的手里，免去了搬运之苦。

后来，一个年轻人鲁德设计出了曲线形的可乐瓶；摘取了阿萨·坎德勒设立的最佳瓶子设计奖。这种富于独创性的造型，一直沿用至现在，阿萨的预见性可谓高瞻远瞩。

再后来，阿萨·坎德勒因心脏病去世，他的亲人们松了一口气，因为他们实在不愿意背负发展公司的重任，故人已逝，荣辱皆忘。

阿萨·坎德勒也许不会想到，自己亲手建立的可口可乐帝国，虽几经易主，但是依然保持着迅猛的发展势头。可口可乐保存了先前的配方，但是口味发生了细微的变化。饮料中少了古柯叶等自然植物成分，天然咖啡因也因兴奋剂问题，被人工添加剂所取代。阿萨·坎德勒时代的陶罐、铁罐已经成为博物馆的古董，后来出现了易拉罐和出售可口可乐的自动售货机。可口可乐家族的成员也无比壮大，出现了"雪碧"和"芬达"等畅销产品。

据说，阿萨·坎德勒生前常去彭伯顿的墓地，带着一束马蹄莲和郁金香，他喜欢对着墓碑自言自语，似乎经过与墓碑长时间交谈，墓碑就会教给他拓展可口可乐事业的秘诀一样。这似乎成为一种习惯，很多熟悉阿萨·坎德勒的人，如果在办公室和家里找不到他，就来到约翰·彭伯顿的墓地，总会看到一个孤独的老人，在苍松翠柏间，静默无语。俗话说，高处不胜寒，世上没有人了解阿萨·坎德勒到底在约翰·彭伯顿的墓地上获得了什么秘诀和力量。

阿萨·坎德勒还是一个热心慈善事业的人，他一生投入到慈善事业的资金不计其数，但是因为他为人低调，诸多行善的事迹并不为世人所知。1914年，他捐资500万美元，并捐助了75英亩土地，在亚特兰大市建了一所高规格的大学。后来，他又陆续给亚特兰大大学捐款达800万美元。因此，亚特兰大市的居民私下里将这所学校称为"可口可乐大学"。

阿萨·坎德勒临终前，被亚特兰大大学授予名誉教授称号，圆了他的学业梦。或许很多人觉得阿萨并没有资格做一所名校的教授，但是他的传奇经历本身，就是一部最好的经济管理教学案例。

关于阿萨·坎德勒的传闻，在他死后仍然不断传出。阿萨·坎德勒传奇的一生，有着诸多的神秘元素。比如有人断言，那张出自约翰·彭伯顿之手、富于传奇色彩的可口可乐保密配方，就是被阿萨·坎德勒藏进了一个特制的保险箱。这个特制的保险箱据说能挡住机枪子弹的冲击，而且那些关于配方的保密制度，也是阿萨·坎德勒亲手制定的，这些规则一直延续至今。还有传言说，阿萨之所以对配方守口如瓶，是因为饮料的主要成分是酒精和兴奋剂，而这些成分被许多国家明令禁止。

关于阿萨·坎德勒最有趣的传言是：那个保险箱里根本没有什么保密配方，阿萨·坎德勒是一个有着严重抑郁症的精神疾病患者，保险箱里放着的是心理医生给他开出的诊断书。至于那些古怪的配方查看规则，不过是哄骗世人的噱头，为了营销的需要而故布疑云。其实，配方传闻不过是阿萨·坎德勒跟世人开的一个玩笑。事实真相到底如何，相信可口可乐公司的继任者永远不会说出这个秘密。

如今，配方之谜已经成为可口可乐文化的一个最重要的组成部分。全世界的可口可乐迷，与其说希望这个谜底揭开，倒不如说更希望这个谜底永远不要揭开，我们在享用爽口的可口可乐的同时，猜测可口可乐的配方，就好像我们在欣赏人生美景的同时，猜测生命的未来一样。我们欣赏的是人生的过程，至于结果，已经不是很重要了。

可口可乐获得了巨大的成功。这个世界上一样东西成功了，很快就会出现更多的仿冒品，因为模仿总是比创新付出的代价小。所以，当可口可乐在世界上声誉日隆的时候，市场上出现了大量的仿冒品，比如"可乐之王""畅饮可乐"等，这些仿造品的出现给可口可乐带来了诸多麻烦，首先仿造品使得可口可乐的市场份额逐年下降，再者，由于仿造品的出现，可乐系列的质量蒙羞，在消费者心目中的地位更是一落千丈。

阿萨·坎德勒敏锐地发现，公司发展到此时，最重要的不是扩大生产，也不是扩大宣传规模，而是维护公司权益的合

和创造世界名牌的人

一起放飞梦想

Let the dream fly

法性和正当性。1905年，美国《商标法》刚刚实施，在弟弟约翰·坎德勒的帮助之下，阿萨·坎德勒就给自己的公司注册了"可口可乐"商标，运用法律武器，来保护自己的利益。

可就在这一年，又传来一个坏消息，一个化学家从可口可乐里检验出含有违禁品可卡因成分。于是，阿萨·坎德勒被告上了法庭。

在当时，民间并不认为可卡因是一种毒品，而认为是一种普通的药剂。虽然阿萨·坎德勒从配方中剔除了可卡因成分，但是这场官司持续了8年多，耗资达25万美元。尽管最后阿萨·坎德勒胜诉，但是他已经身心俱疲，于是决定退出商界，安度晚年。

1919年，对于阿萨·坎德勒来讲是不幸的一年，与他相濡以沫的妻子露西，在和癌症斗争了几年之后，与世长辞。阿萨·坎德勒悲痛万分，如五雷轰顶，一病不起。

这年夏天，阿萨的孩子未经父亲允许，将父亲毕生的心血——可口可乐公司转卖给了别人，这些目光短浅的人虽然将可口可乐公司卖出了天价，但是他们不知道，可口可乐配方是无价之宝。

1919年7月，阿萨·坎德勒终于知道了儿女们的决定。

阿萨·坎德勒彻底崩溃了，一时无语，他坐在宽大的沙发里，好像被包裹住的孩子，眼泪无声地流下来，好像着魔了一样自言自语："完了，一切都完了，我是一个孤独的人，我得到大街上走走，因为我是一个一无所有的人，露西是我的生

命，可口可乐公司是我的第二次生命。一切都没有了。"

从这天起，阿萨·坎德勒的身体急转直下，一直卧床不起。10年以后，阿萨·坎德勒在孤寂和懊恼中，离开了这个令他爱恨交织的世界，享年77岁。虽然阿萨家族并没有一直持有可口可乐股票，但是在阿萨的手里，可口可乐帝国已经初见雏形，因此，人们都尊称阿萨为"可口可乐之父"。

第二节　两次踏入同一条河流

> 再精明的人一生中也有犯错的时候，但
> 不要被错误阻断你前进的脚步。

古希腊哲学家赫拉克利特说，存在的东西如果是一条河的话，那么人不可能两次踏入同一条河。赫拉克利特所说的，是世界处于绝对的变化之中。但在生活中，这条箴言值得商榷，因为人们常常犯同一个错误，可口可乐的掌门人阿萨·坎德勒一生谨慎，但是他却先后犯了两个致命的错误，导致产权易主，公司易主。

1892年，阿萨·坎德勒做出了一生中最重要的决定，他将先前的经营理念完全放弃，认为一个人的精力有限，只能做一件事，如果过于贪婪，什么都想得到的话，那么就会像玉米地里掰玉米的熊一样，到后来两手空空。阿萨·坎德勒将公司命名为可口可乐公司，专门生产饮料。

但是接下来，阿萨·坎德勒又面临一种烦恼，可口可乐的夏季销售异常火爆，产品供不应求，冷饮店成为美国人最爱光顾的场所，被称为露天冰吧。但是到了冬天，可口可乐的销量一落千丈，看着惨淡的销售额，阿萨·坎德勒愁眉不展。

1899年，两名年轻人找到了阿萨。进了门之后两个人进行了自我介绍："尊敬的阿萨先生，您好，我们两个叫托马斯和怀特，是律师。"

"我最近没有什么麻烦，好像不需要二位的帮助。"阿萨皱了皱眉头，他对律师毫无兴趣，最近的销售量下滑让他焦头烂额。

"先生，您误会了我的来意，我并不是来找麻烦的，相反，我是来给您解决麻烦的。"托马斯毫不介意阿萨的态度，他对自己的提议很有信心。

阿萨·坎德勒听了心中一动，觉得这两个年轻人的想法一定有些门路，于是侧耳倾听。

"我们两个注意到，贵公司的冬季销量有些下降，于是想和您谈一项合作。如果您能采用我们提供的瓶装技术，我们相信可口可乐的销量会大幅提高。"托马斯接着说。

"对不起，两位先生，我对瓶装技术毫无兴趣，不好意思。"阿萨·坎德勒注视着两个年轻人，过了一会儿他才说话。托马斯和怀特面露失望的神情，他们一见阿萨毫无合作的诚意，转身就要离开。

"两位先生请留步，我虽然对瓶装技术毫无兴趣，但是对与你们的合作很感兴趣，如果你们能提供足够多而且安全的玻璃瓶，我愿意提供足够的原浆。"阿萨·坎德勒招了招手。

经过一番讨价还价，他们终于签订了一份合同：托马斯两个人自筹资金建造瓶装饮料厂，只灌装可口可乐一种产品。阿萨·坎德勒向他们提供了独家经营权，特许灌装可口可乐的专营权和商标权。

阿萨·坎德勒的想法很简单，这是一笔只赚不赔的买卖，自己没有投资一分钱，却能从对方的生产中获得不菲的收益，简直是一本万利的买卖。另外阿萨·坎德勒也有个致命的性格缺陷——爱财如命。据说阿萨·坎德勒一辈子没买过报纸，他每次都从报童手里把报纸拿过来，站着看完之后再还给人家。这件轶闻的真实性已经无从考证了，但是从另一个侧面也说明阿萨·坎德勒的理财观念和经营理念是有局限性的。

"两个年轻人，要是你们失败了，别忘了到我这里哭诉，我会收留你们的。"看着签订的合同，阿萨·坎德勒说。

阿萨·坎德勒的玩笑话并没有在托马斯两个人身上应验，倒是自己为此付出了代价。签订这份合同，托马斯和怀特没花一分钱的特许经营费用，却轻而易举地取得了瓶装可口可乐饮料的专营权和商标权，最终成为百万富翁。

任何事物都有两面性，从阿萨·坎德勒的角度看，拱手出让了商标权和经营权，但是从消费者的角度看，可口可乐因为瓶装的普及，销量大增。1916年秋，在商界拼搏多年的阿萨·坎德勒已经心生倦意，他决定弃商从政。1917年初，他成功地当选为亚特兰大市市长。同年，他把自己的毕生心血——可口可乐公司，作为一份独特的礼物分赠给子女们。

俗话说得好，创业容易守业难，阿萨·坎德勒犯了人生中的第二个大错误。阿萨·坎德勒眼中的富矿，在他的儿女们看来，几乎就是负担的代名词。就这样，令阿萨伤心欲绝的事情发生了。佐治亚州信托公司总裁伍德鲁夫用1500万美元现金和价值1000万美元的公司"优先股"，交换到阿萨珍爱的可口可乐配方专利权，以及公司独资的瓶装可口可乐商业网点。

阿萨·坎德勒的子女并没有高瞻远瞩的商业远见，他们只看到眼前的利益，认为自己得到了巨款，但是从长远看，真是得到了芝麻，丢掉了一个大西瓜。他们根本想象不到，未来的可口可乐公司规模越来越大。与未来的可口可乐市值相比，阿萨·坎德勒家族简直做了一个大亏本的买卖。根据美国纽约顾问公司2000年一份调查显示，"可口可乐"品牌的价值高达725亿美元，是全世界最值钱的品牌商标。阿萨丢掉了一个商业帝国，而伍德鲁夫得到了近400倍的回报。

第三节　言必行、行必果

> 企业发展裹足不前，只会坐吃山空，勇往直前，才会开创未来。

1890年，罗伯特·伍德鲁夫出生于美国佐治亚州的哥伦布市。年轻时期的罗伯特·伍德鲁夫并不喜欢经商和管理，而是立志从军。后来虽然没有经过正规的军事教育，但是经过童子军的培训，罗伯特·伍德鲁夫养成了一种军人的性格，做事喜欢雷厉风行，言必行、行必果。

20岁那年，罗伯特·伍德鲁夫从耶鲁大学肄业，便弃学经商，他不喜欢坐在办公室里看报纸或开会打发时间，而是喜欢和人面对面交流，如果能以自己的交际能力销售出产品，他的心理就会得到极大的满足。

"我不是什么领导者，不过是个推销员而已。"罗伯特·伍德鲁夫先先是在一家汽车公司推销汽车，后来入主可口可乐公司，常对手下人自嘲。

罗伯特·伍德鲁夫确实是个天才推销员，在他掌管可口可乐的几十年间，产品被推销到世界的各个角落，罗伯特·伍德鲁夫也赢得了"饮料推销之王"的称号。

　　雄心勃勃的罗伯特·伍德鲁夫一上任，就锐意改革，在董事会提出了一个口号："要让全世界的人都喝可口可乐！"他在公司进行了大刀阔斧的改革，撤消了多个冗余的部门，新增设了"国际市场开发部"，罗伯特·伍德鲁夫的本意是试图把可口可乐推向世界。

　　这种理想其实很难实现，要让这种略带药味的饮料走向世界，让各种文化背景和习惯的人接受，谈何容易？

　　开拓国际市场的阻力，来自于公司董事会内部。一些保守的董事会元老早就对伍德鲁夫的所谓改革心怀不满。

　　一天，一个叫杜吉尔的老董事怒气冲冲地斥责罗伯特·伍德鲁夫，他直截了当地对年轻的"推销员"说："我知道你是新官上任三把火，但是你表现总归是你的事情，你不能绑架可口可乐公司的利益。在你没来之前，我们的发展平稳向前，而你的这些激进的做法，简直是虚荣心作祟，我们全体股东可不愿意做你冒险的殉葬品。"

　　"我知道您是故土难离，总想在一个安稳的地方做小富即安的美梦，但是我想反问一句，这个世界已经进入了贸易大发展的时期，遥远的非洲大陆的可可豆可以运到我们美洲，为什么我们的产品就不能走出去呢？"罗伯特·伍德鲁夫一脸严肃，听完了杜吉尔的斥责，他微微一笑，平静地说。

　　"你说的完全是两回事，可可豆是食品，我们的产品是饮料，食品与饮料完全不同。我们对食品原料的要求很简单，不外乎是要求有营养，对人的健康有好处就会食用。但是饮料则

不同，饮料的价值无外乎是消夏解渴，但是解渴的方式成千上万，人们为什么一定要饮用我们的产品呢？不同文化之间，怎么能弥合其中的矛盾呢？"杜吉尔听完，觉得罗伯特·伍德鲁夫简直狂妄至极，就想教训一下这个狂妄的年轻人，他振振有词地反驳。

"文化差异？我们的任务恰恰是弥合这种差异，也许，有些外国朋友会不习惯我们的口味，但是这种习惯是可以更改的，如果能培养大家喜欢我们的饮品，不是更好吗？我们本土的顾客，最开始的时候也不能接受我们的口味，现在不也一样喜欢我们的饮料吗？所以，裹足不前，只会坐吃山空，勇往直前，才会开创未来。"罗伯特·伍德鲁夫寸步不让，依然针锋相对地坚持自己的观点。

一场唇枪舌剑之后，罗伯特·伍德鲁夫暂时说服了董事会成员，可口可乐开拓国际市场的计划得到了一致通过，罗伯特·伍德鲁夫要求自己的宣传团队注意营销艺术，这种艺术的前提是一切为消费者着想。

罗伯特·伍德鲁夫发现，可口可乐的销售出现了瓶颈，原因在于营销点过少，于是他采用了自动饮料售货机来销售产品，这样一来，大家可以在任何时间、地点买到可口可乐。后来这种售货机附加了冰箱功能，冰爽无比的可乐，迅速成为大众的新宠。

可口可乐开拓国际市场，利用的是一种国际语言——独特的口味和沉淀百年的自由的美国精神。

第四节　乡路，带我回家

> 我们的人生就如同永远在路上的游子，在快速变化的世界里，永远保持一颗青春热情的心，保持对世界永不停歇的好奇和探索，这才是我们生活的真谛！

全球顶级品牌管理顾问公司Interbrand，发布了2012年度全球企业品牌价值排行榜，可口可乐连续13年蝉联榜首，其最新的品牌价值高达778亿美元，在全球拥有48%的市场占有率。

有一个经典的笑话：这个世界被三个苹果改变了，一个是夏娃摘下的那个智慧果，它结束了人类蒙昧无知的时代；一个是砸中牛顿的那个苹果，它让人类重新认识了自己生活的世界；一个是乔布斯手里的那个苹果，它改变了人们对生活的态度。而这三个人中最伟大的是乔布斯，因为他手里还拿着一瓶可口可乐。

可口可乐是一个不断创造奇迹的传奇，据说世界上94%的人能毫不犹豫地认知可口可乐标志。从身价富可敌国的商人巨贾，到街头巷尾的贩夫走卒，可口可乐是众多消费者心目中的

首选饮料品牌。可口可乐的伟大之处也正在于此，拥有它，或许不能成为你身份的象征，但是失去它，就好像你和这个世界隔绝已久。真正的伟大不在于价格昂贵，世间罕有，或许正存在于无处不在的平凡细微处，就像随处可见的阳光，须臾不离的空气。

我们每天享有造物的恩惠，却很少有人对这些平凡之物心存感恩，只有环境恶化，纯净不再的时候，才会真正关注它们。可口可乐汲取了生命之源——水，加入了甜蜜的要素和神秘的想象，带给世人以最平凡又最伟大的畅饮体验。

可口可乐公司共拥有15个价值均超过10亿美元的品牌，包括健怡、芬达、雪碧、零度、美汁源等，这些可口家族的兄弟姐妹，把全世界人们对饮料的想象都汇聚到了一起。全球200多个国家的消费者每年要喝掉6000亿杯可口可乐。将这些可乐瓶摞起来能从地球摆到月球，更能环绕赤道一周。在地球村里，从部落群体到文明国度，从明星政要到寻常百姓，一瓶充满魔力的汽水，将芸芸众生从差异的神坛，拉近为平等的生命体。当我们共同举杯畅饮可口可乐的瞬间，我们都站在一个高度上。

1985年，美国宇宙飞船"挑战者号"将可口可乐带进外太空，成为人类在太空饮用的第一个碳酸饮料。电影《上帝也疯狂》中从空中扔下可乐瓶的桥段得到了经典重现，可口可乐成为了连接未来和现在、太空和地面的特殊桥梁，它已经成为了生活中不可或缺的一部分，成为了人类的代表。可口可乐能上天入地，或许不过是一种营销的噱头，是好事者善意的夸张和想象，无非是想告诉大家，可口可乐神话般的伟大，只要有人的地方，就会有可口可乐。不过这种伟大，与高速发展的科学技术不同，可口可乐说到底还是传统的饮品行业，和高科技不沾边，它的伟大不是无所不能，而是无处不在。

作为一个有百年历史的传奇品牌，1949年，可口可乐公司推出了年度广告语：可口可乐，沿着公路走四方。这个广告语可以看作是可口可乐公司百年奋斗史的一个缩影。

美国西部牛仔的生活以及美国文化中的一个特质就是，生活重要的不是我们拥有了什么，而是我们发现了什么，所以美国好莱坞电影才有了一个经久不衰的类型片：公路电影。我们沿着公路行走，未知的世界在等着我们，而且不断延伸，这才有了丰富的人生和多彩的生命。

可口可乐的经典广告语也是一种人生隐喻：我们的人生就如同永远在路上的游子，在快速变化的世界里，永远保持一颗青春热情的心，保持对世界永不停歇的好奇和探索，才是我们生活的真谛！这些，也是可口可乐长盛不衰的青春密码。

在近年的品牌传播过程中，可口可乐始终围绕着"情感驱动符号"激起人们的真情，如"要爽由自己"中体现的自我奋斗乐趣，"春节带我回家"中因团聚畅饮而带来的天伦之乐，"没有一种感觉比得上回家"表达的远山黄手帕式的亲情呼唤。

品牌，有时也寄托了一种情感。百年的可口可乐，一直

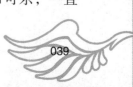

宣扬"在路上"的冒险精神，这也和美国精神中的自我价值体现一脉相承，今天，随着互联网时代的到来，人们已经淹没在微博信息化的琐碎和围观之中，很多人忽略了传统文化中的价值和情感。所以，可口可乐敏锐地发现了现代都市人的情感缺失，它向游子们传递的正能量是：乡路，带我回家。

Coca Cola

第三章　打出来的帝国

Coca Cola

第一节　5美分的温暖

　　我们应该理解美国人对待可口可乐的感
情，可口可乐已经不仅仅是一瓶简单的水，
更装载着美国人的情感、鲜血，甚至生命。

　　这个世界上的事情，往往都有两面性，正所谓福祸相依。人类历史上的浩劫——第二次世界大战，无疑给全世界人民带来了无法抹去的伤痛，但是，却给可口可乐公司带来了巨大的商机。可口可乐公司在战争中，打出爱国主义的牌，事业得到了迅猛发展。

　　将一个饮料品牌，赋予了爱国主义的文化内涵，这无疑是当时的掌舵人罗伯特·伍德鲁夫的神来之笔，从此，可口可乐就蒙上了一层硬汉式的神话色彩。

　　罗伯特·伍德鲁夫为可口可乐公司确立的营销理念是"要让全世界的人都喝可口可乐"。这种理念在和平年代还有实现的可能，但是在战争年代，要想实现让全世界人都喝可口可乐的宏愿，无异于是天方夜谭。

　　1941年12月7日，是第二次世界大战一个重要的转折点，日军千里突袭，美国海军基地珍珠港遭到重创，美国再也不能

置身度外，宣布直接参战。这样一来，美国成为了二战交战国，战事吃紧，可口可乐公司的销售额直线下降。

"好啊，兄弟。"一天，罗伯特·伍德鲁夫正在焦虑之际，他的老同学班赛从盟军战场给他打来电话。

"太好了，难得你还惦记着我，在那么艰苦的环境下，竟然给我打电话。"接到老朋友的电话，罗伯特·伍德鲁夫非常高兴，热情地回应。

"唉呀，兄弟，说实话吧，我不是想你，我在这里，天天在想你的可口可乐。"班赛和老朋友开了个玩笑。

班赛的一句玩笑话，却使罗伯特·伍德鲁夫心中一动——现在我们公司销量不好，这倒是个好机会，如果我的产品运到前线，前线的士兵就可以喝到可口可乐，当地人也会喝我们的产品，这样就有两个庞大的消费群了，我们完全可以扩大销路，说不定倒是个好机会呢！

第二天，罗伯特·伍德鲁夫召开记者会，发表了一个特别声明："本公司特此声明，从今天起，不管今后盟军的部队开到哪里，也不管运输成本是多少，我们都会让我们的士兵喝上美味的可口可乐，而且保证价格一律5美分。"

罗伯特·伍德鲁夫的声明引起了一场轩然大波，大家都觉得这个声明实现起来有相当大的难度。而罗伯特·伍德鲁夫自然有自己的打算，他要求公司的公关部门展开密集的宣传攻势，最好要做到将可口可乐和前线的士兵联系在一起，和士兵的生活联系在一起，要用激情四射的广告文字，激发士兵的斗志，最好能带来一种暗示，战争中的胜利不仅仅是人的胜利，还有可口可乐的一份功劳。

罗伯特·伍德鲁夫聘请了美国最好的公关公司，撰写销售提纲和计划。经过多次修改，罗伯特·伍德鲁夫亲自定稿，将原先十多万字的文案，删改精简为两万字左右，配上精选的战场照片和后方的生活照片，编辑了一套丛书，这些彩色的、图文并茂的小册子，分为"前方来信""后方生活""士兵的心""亲人的爱"等，丛书起名为《战斗和休息同样重要》。

小册子通过图文来暗示爱国主义，使得无数热血青年奔赴战场，这些将士都是国家的栋梁。"可口可乐公司虽然不能亲自上战场杀敌，但是我们的心一直和将士们在一起跳动。我们能做的就是在紧张的战斗之余，为战士们带来美国家乡的问候，如果你能来一杯可口可乐，就等于自己回到故乡一样，都能够分享家乡的回忆。"

这套丛书的宗旨，实际上是强调:可口可乐，并不是一种饮料，更是一种美国文化的象征，在战场上，是美国士兵急需的好朋友。它的作用和士兵手中的枪炮弹药一样。

可口可乐公司的计划很完美，因为他们有出口的特权，但是他们忽略了一件事情，他们可以出口，却不能使用军舰。在战火纷飞的年月，用商业船只装载瓶装的可口可乐，无异于自投罗网成为敌机的活靶子。于是罗伯特·伍德鲁夫和董事会研究出了另一套计划。美军也面临这种困境，长途奔袭无法携带蔬菜和食物，但是他们使用了脱水蔬菜，保证了后勤军需的

供应。罗伯特·伍德鲁夫把可口可乐原液，浓缩成汁，将这种"压缩饼干"式的原料，运到士兵驻地的装瓶厂，这样就节约了生产和运输成本，大大提高了生产效率，也为后来的可口可乐公司的运营模式奠定了基础。

这样一来，从菲律宾的热带丛林到法属圭亚那的荒漠，可口可乐公司共派出了几百名技术人员，帮助全球的64座可口可乐瓶装厂，生产了超过100亿瓶可乐。除了人迹罕至的南极和北极，只要有人类存在的地方，到处可以看到可口可乐的标志。

更富于传奇性的是，美国军方为了让这些技术人员更好地工作，特别授予这些技术人员以军事技术观察员的职衔，甚至和军工厂的修理工和工兵工种类似。这些技术员颇受美军官兵的欢迎，因为看到他们，就令这些士兵看到了家乡的风貌，思乡之情油然而起，品味着爽口的可口可乐，聆听着美国乡村音乐，好像看到了回家的小路。话又说回来了，公司得到了利益，必然要付出代价，战争就意味着艰苦和死亡。为了这瓶5美分的可口可乐，许多公司的技术人员付出了生命。美军士兵深受感动，美军也为掩护家乡的汽水，付出了巨大的代价。

现在，我们应该理解美国人对待可口可乐的感情，可口可乐已经不仅仅是一瓶简单的汽水，更装载着美国人的情感、鲜血，甚至生命。

可口可乐公司特别善于公关营销，除了战场上的大打亲情牌之外，还利用名人效应和晕轮效应，充分利用消费者的趋众心理和羊群心理。在第二次世界大战的战场上，五星上将巴顿特别爱喝可口可乐，甚至贮藏了一地窖的可口可乐，在他的影响下，美军士兵无不以畅饮可口可乐为畅快之事。出发前，痛饮可口可乐以鼓舞士气；凯旋时，也共饮可口可乐，来欢庆胜利。无论巴顿将军转战何处，除了防御工事和进攻部署之外，重要的布置就是要求技术员搬迁可口可乐装瓶厂。

艾森豪威尔是美国一个富有传奇色彩的大英雄，罗伯特·伍德鲁夫与艾森豪威尔的关系十分密切，可口可乐公司能顺利进入战场，和艾森豪威尔的努力分不开。

"为了鼓舞士气，我军需要200万瓶可口可乐，以及每月可以生产400万瓶可口可乐的装瓶生产线，以及瓶身清洗、封盖设备，请您提供适当的便利条件。"1943年6月29日，艾森豪威尔将军在北非给美国后勤军需长马歇尔发出急电。

艾森豪威尔与罗伯特·伍德鲁夫交往甚密，除了两个人志趣相同的原因以外，还有个重要的政治因素，艾森豪威尔以一个战略家的高度，认为同可口可乐联姻，有两个方面的好处，一是能提升美军的士气，二是能带动国内生产的消费量，实在是一举两得的事情。

罗伯特·伍德鲁夫最成功的营销策略，无疑是树立了可口可乐的爱国形象。二次世界大战期间，可口可乐公司以每本10美分的成本价格，卖出了成千上万册的战争图书，比如《我们应该了解的战斗机》，图文并茂，风靡一时，当时的美国小孩几乎人手一册，大家在阅读图书的同时，还了解到战争的残酷性，激发了大家同仇敌忾，共御强敌的热情。公司还同时低价发售了《我们的祖国》，介绍美国的风土人情、壮丽的河山，以及钢铁、木材、煤炭等矿产资源和农业生产情况，美国上下迅速地掀起了一股热爱祖国、奋发图强、建设祖国的热潮。

可口可乐也是广播节目《胜利大游行》的赞助商，不断介绍美军在战场上的胜利消息，鼓舞国民斗志，他们还雇了100多支乐队，在全国各地军事基地巡回演奏，斗志昂扬的爱国歌曲和激昂的交响乐，配以可口可乐公司的大幅宣传画。这些不具名的软性广告，却取得了事半功倍的广告效果。

第二节 特殊的公关

优秀的产品必须有两个重要的特质，一个是要求有大多数人都能接受的属性，一个是要对大多数人有用。

在二战以后，1948年，可口可乐公司的技术观察员，开始陆续从美军占领区返回。但是他们建立的工厂却留了下来，为战后可口可乐公司国际化布局的新发展奠定了坚实基础。

在战后的经济格局中，跨国的公司合营还是个新鲜事物，跨国的技术合作和技术转让，还仅仅局限于大型机械的转让，像可口可乐这样的饮料消费品，转让制造技术和生产经营的特许权还是没有先例的。

罗伯特·伍德鲁夫对此情况有着深刻的理解，他对战争中可口可乐突飞猛进的销售额有着清醒的认识，他认为："事实上，可口可乐公司的发展并不能永远处于巅峰的状态，因为随着世界和平形势的发展，世界各地经济的发展，各国的爱国主义热情会空前高涨，外国人也不会对美国人的东西永远崇拜，永远处于一种盲目相信的状态，饮料这样的消费品好像是水和空气一样，是日常的必需品。我们知道，最日常的东西，其实是最珍贵的，而且有个共性，这些珍贵的东西往往是免费的。我们要做的，就是如何让这些几乎是免费的东西，呈现出不同寻常的价值。这样的话，使用当地的生产力和生产资料，就是个最聪明的选择。"

可口可乐公司，已经成为一种影响世界的美国文化的代表，在不同的时代，可口可乐公司都面临不同的文化选择，在战争时期，可口可乐靠着军队的力量得到迅猛的发展，但是在和平时期，所谓的军队力量反倒成为公司发展的阻碍。和平时代的文化发展主题，往往首先是民族主义和民粹主义，可口可乐公司文化最大的特点就是能迅速地融入当地文化的发展，成为一个不可忽视的影响时代的力量。

从澳大利亚的悉尼歌剧院到津巴布韦的南国风情，从亚马逊的热带雨林到中国大地上的长江长城，每天都有数百万人同时举杯，畅饮可口可乐。在他们的眼里，手中的可口可乐并不单纯是美国文化的符号，因为这些可乐的制造基地往往离消费

者非常近，也许，这杯可乐就是消费者的亲戚亲手灌装的。

可口可乐其实就是一瓶普普通通的水，主要的成分就是水加糖，为何却成为风靡世界的魔水，畅销百年？秘密就在于公司的本土化策略。罗伯特·伍德鲁夫的营销策略就是本地化原则——可口可乐并不出售饮料，而是输出一种文化，他的产品都是利用当地的劳动力资源和水、机械等生产资料。

本土化的主要方法是：可口可乐公司并不派出员工，而是在当地设立灌装公司，所有员工都雇用当地人；可口可乐公司并不提供资金，所有公司的运营资金由当地人自己筹措；可口可乐公司并不提供设备，除可口可乐那"秘密配方"外，一切设备、材料、制瓶机和瓶子，以及运输、销售等，都由当地人负责办理，总公司只提供技术服务；可口可乐公司并不负责销售，只是统一销售方针、生产技术；人员培训由总公司统一负责。

罗伯特·伍德鲁夫的宣传攻势和营销战略很快获得了极大的成功，可口可乐的名字迅速传遍了全世界。

我们看到可口可乐公司的营销，无非是企业文化的延伸，为了抓住消费者的文化心理，伍德鲁夫网罗了诸多的艺术家、心理学家，试图从文化心理的深层结构中，影响大众的消费心理。

他提出了后来影响深远的制作广告的三条原则：怡神悦目、简洁有力、清爽自然。他对每一条广告都要亲自审查、反复推敲。他对广告部的要求就是要使广告做到"广告画面艳丽，剪辑凌厉快速，人物和故事清新自然，让公众产生一种新鲜感，进而向往和迷恋，又要和竞争对手展开差异化竞争"。

罗伯特·伍德鲁夫不仅在广告质量上倾注了巨大的精力，还把大量的钱投到广告上。1911年可口可乐的广告费就高达100万美元，到30年后的1941年，广告费追加到1000万美元，1948年广告费又翻一番，达2000万美元，2000年达到1.9亿美元。

1950年5月15日，可口可乐的广告登上了《时代》杂志的封面，标题为"世界和朋友"，这个广告用漫画的手法，将地球刻画为一个人类形象，这个满脸微笑却饥渴难耐的地球正在狂饮可口可乐。

可见，可口可乐的成功并不是一个偶然的独立的案例，有着丰富的管理学和营销学意义。

永远出售最好的产品，是可口可乐公司最大的信条，他们相信，产品的质量并不意味着一定要有新奇的功能，比如，不能要求一个饮料具有诸多不属于饮料的属性，总不能要求饮料会像人一样说话，像鸟儿一样飞翔。优秀的产品必须有两个重要的特质，一个是要求有大多数人都能接受的属性，一个是要对大多数人有用。要是你一旦熟悉了可口可乐的味道，就会产生一种习惯的力量。会觉得可口可乐的味道才是真正的可乐的味道，而其他公司的产品不过是拙劣的仿冒品或是赝品，这种心理暗示足够强大，所以很多可口可乐的消费者往往是可口可乐公司利益的最好拥护人。有人甚至总结了可口可乐的诸多神

奇功用。比如说可口可乐能使得鼻子产生一种刺激的嗅觉，能治疗感冒发烧等诸多疾病，有人认为可口可乐丰富的二氧化碳会带来足够多的泡沫，带来一种爽口的刺激感，能比其他饮料更解渴，再比如，有人认为可口可乐里面含有可卡因等药物成分，能替代部分处方药，治疗头痛和胃痛等疾病，这样的说法不一而足。

要宣传产品的形象而不是产品。一位可口可乐广告商曾经告诫他那些具有丰富想象力和创造力的雇员：我们卖的是一种根本不存在的东西，他们喝的也只是一种形象，而不是产品。开始时，可口可乐广告大肆宣传其药物作用，声称它能振奋脑力劳动者的精神，能减轻过度饮酒人的头痛和痛苦，能给人带来快感。但为饮料命名和题词的福兰克·罗宾逊很快意识到，把可口可乐当成提神饮料而非专利药物来宣传能吸引更多的顾客，而且还可避免不必要的法律纠纷和麻烦。

可口可乐公司的销售员不仅仅是销售员，而是文化的传教士。他们首先要无条件地相信自己的产品，认为产品不仅是解决消费者现实需要的灵丹妙药，更重要的是，对自己所销售产品的意义要有深刻的认识，要暗示自己，销售的不仅仅是一瓶饮料，而是一种崇高的美国文化，可口可乐意味着绝对的自由和超越。这样一来，可口可乐的销售员就不能和其他公司的销售员一样，是单纯推销产品的基层工作人员，而是向顾客推荐一个早就应该进入顾客生活的迟到的文化产品的文化使者。

可口可乐的培训手册上明文规定，自己是在为世界上最伟

大的公司服务，自己也应该具有传教士的本领，而不应是只拿工资的推销员。

第三节　心理培训营

> 要有敬畏之心，每个人的心中都要敬仰
> 无垠的星光，敬畏内心的道德法则。

1920年，公司董事长罗伯特·伍德鲁夫忽然召集所有的推销人员，在会上，他只是简短地发表了一个声明，并出人意料地宣布他们全被解雇，然后罗伯特·伍德鲁夫扬长而去，只剩下千百个呆若木鸡的销售人员在会场上发呆。

因为他们并不知道自己究竟做错了什么。很多人找到罗伯特·伍德鲁夫的办公室，有人哭号，有人骂街，纷纷指责这个狠毒的老板，违反了公司的雇佣法，没有职业道德精神，但是罗伯特·伍德鲁夫好像是早就预料到这样的结果一样，办公室大门紧闭，人也不知去向。

第二天，愤怒无比的销售员们，又来到公司，他们决心和公司来一次鱼死网破的决斗，一定要讨回一个说法，这次突然的毫无先兆和理由的失业，导致成千上万的家庭处于崩溃的边缘，他们失去的不仅仅是一个销售员的工作，更是家庭的保障

和子女的学业。他们损失的不光是黄油面包，还有周末海滩的度假。

终于，罗伯特·伍德鲁夫出现了，他迅速地被愤怒的人群包围，人们发出了震天的怒吼，甚至有激进的销售员要将罗伯特·伍德鲁夫撕为两半。罗伯特·伍德鲁夫西装笔挺，笑容可掬，他分开人群，站到高处，发表了一个著名的演讲，在讲演的结尾之处，他动情地说："我解雇了你们，是有正当理由的，因为，你们只是把自己当作了赚钱的销售员，这样下去，还有什么奋斗的意义吗？因为你们每天在重复同样的工作，所以，我们不需要没有动力的员工。"接下来，罗伯特·伍德鲁夫顿了顿，用凌厉的眼神扫视了一下四周人群惊诧的表情。从这些表情中，罗伯特·伍德鲁夫仿佛看到了自己的讲演引起了一些人的共鸣。他接着说："为了刺激大家的情绪，我才做出了昨天的决定。今天我要告诉大家我的另外一个决定：你们又重新被公司聘用了！"

这些大喜大悲的销售员简直不敢相信自己的耳朵，他们已经绝望无比，这个决定马上引起了一阵骚动。

罗伯特·伍德鲁夫做了一个肃静的手势，他激情满怀地说："我重新雇用你们，并不是可怜你们，更不是嘉许你们的工作，而是想告诉你们，你们要从事的是生产工作，不再向顾客介绍可乐的优点了，同时我也想告诉大家，如果有谁真正理解了销售的真谛，可以现在就向我报名，我重新聘用你作为销售员。"

这些销售员中的大多数，并不想做生产工作，使苏打水成为加冰可乐，他们中留下的大多数人，选择了重新思考工作的意义，成为优秀的销售员。罗伯特·伍德鲁夫这种戏剧化的管理策略，起到了奇效，可口可乐靠着这些忠心耿耿又无比灵活的销售员，成长为饮料帝国。

要威吓雇员，这个看起来有些不和常理的规则，倒成为多位可口可乐公司总裁的管理信条。原因是以罗伯特·伍德鲁夫为代表的公司总裁崇尚敬畏的哲学。

罗伯特·伍德鲁夫有句名言："适当的焦虑和紧张的气氛，并不一定都有害，相反，能使得员工最大限度地发挥主观能动性和创造力。"

事实上，罗伯特·伍德鲁夫本人就是个要求十全十美的人，每个员工在他的面前都会毕恭毕敬，因为他们知道，老板对自己的要求更严格。所以，罗伯特·伍德鲁夫在可口可乐公司的威严说到底还是以身作则的威力。另外，罗伯特·伍德鲁夫还主张从公司内部提拔管理人员。罗伯特·伍德鲁夫认为，最好的员工应该是最基层的员工，从来没有一步登天的奇迹，只有踏踏实实的工作。如果说这个世界上真的存在奇迹的话，那么这种奇迹的代名词也只能是勤奋。可口可乐公司中最好的管理人员，无一例外都是脚踏实地走上来的，其中包括公司董事会的成员，他们都接受过可口可乐文化和观念的影响。

为了培养员工的管理才能，公司想出了诸多的特殊办法，比如建立了一个特殊训练车间，参加训练的人员要体验最

基础的灌装车间工作。每一个未来的管理者，都要有在灌装线上每天累得腰酸背痛的经历，从此以后，他们不仅能高瞻远瞩，还能最大限度地体察下情，制定符合生产实际的政策。

其实，身为可口可乐公司总裁的罗伯特·伍德鲁夫，他的管理哲学和指导思想一点儿也不复杂。根据他朋友的介绍，他这辈子没读过什么书，几乎是个文盲，他的奇谋妙计，都是在实际生活中总结出来的朴素哲理。比如，做事要有耐心，但决策要果断。罗伯特·伍德鲁夫指出，可口可乐的销售国家超过200个，每时每刻都会像一个联合国一样，遇到各种各样的问题，战争、饥荒和政治事件都会像空气和阳光一样，无时无刻不伴随着公司的发展，但是，伍德鲁夫认为公司的前途是光明的，这些挫折都是暂时的，不过是黎明前的短暂黑暗，要勇敢地走下去。

每一个公司的员工，都要如教徒一样，遵守清规戒律，最重要的是如德国哲学家康德所说："要有敬畏之心，每个人的心中都要敬仰无垠的星光，敬畏内心的道德法则。"

罗伯特·伍德鲁夫的真正用意是，让可口可乐公司成为最清白的国际公司，虽然间或有收受贿赂和接受回扣等丑闻发生，但是可口可乐公司要求分销商和各级行政管理人员，铭记要遵守法律的信条，因为一般的违法行为不仅使个人的声誉蒙受损失，更重要的是，会使公司百年间树立的良好形象毁于一旦。这样的人，是公司发展的罪人。因此罗伯特·伍德鲁夫要求公司员工铭记敬畏之心。

Coca Cola

第四章　**没有绝对的"正确"**

Coca Cola

第一节　被出卖的信心

在错误的道路上停下来，就是成功的开始。从长远发展的角度讲，某些错误带来的教训是值得的。

罗伯特·伍德鲁夫最初担任可口可乐公司总裁的时候，并不是特别满意公司的收益。因为他先前的岗位是福特汽车公司的总裁，年薪近10万美元，并且当时有一家石油公司看上了罗伯特·伍德鲁夫的才华，给他25万美元的年薪，而可口可乐公司总裁的年薪不过3万多美元。但是出人意料的是，罗伯特·伍德鲁夫选择了工资最低的工作。其实原因也很简单，因为他持有3500股的可口可乐公司股票，看到公司业绩连年下滑，为了挽救公司，也为了挽救自己手中的股票价值，他做出了一个看似不可思议的选择。

罗伯特·伍德鲁夫的本意是将公司带到一定的规模，将自己手中的股票价格恢复到买入价，然后将之兜售，自己还是回到先前的汽车公司。但是，连他自己也没有想到，他在可口可乐公司总裁的位置上一干就是50年。

1927年，经过罗伯特·伍德鲁夫近5年的努力，可口可乐

公司股票的价格一路飙升，从60多美元，狂飙到200美元。这时，罗伯特·伍德鲁夫对形势作了一个判断，他凭借自己多年的商海浮沉经验，认为股票的飙升并不意味着财富的真实积累，因为凡事都有两面性，当一个事物迅速地攀上高峰的时候，就意味着要快速地跌入谷底。

于是，罗伯特·伍德鲁夫用自己的财富和自己经营的公司进行了一场惊心动魄的对赌。他暗地里抛售了自己持有的一半可口可乐公司股票，为什么要暗地抛售呢？原因很简单，一个公司的掌舵人，对自己公司的发展前景做出了悲观的预测，别的投资者还有信心持有公司的股票吗？

两年以后，世界经济大萧条爆发了。罗伯特·伍德鲁夫的预测只对了一半，他先知般地预言了经济大萧条，显示了罕见的商业才华。但是，伍德鲁夫对可口可乐公司的发展预测，显得过于悲观。当经济危机刚爆发的时候，可口可乐公司的股票确实有过近10美元的下跌，但是自此之后，可口可乐的股票价格一路飘红，罗伯特·伍德鲁夫虽然后悔不迭，及时跟进，但还是损失了近40万美元。这40万美元按照今天的比价，大约价值5亿美元。

自此以后，罗伯特·伍德鲁夫再也没有动摇过对可口可乐公司的信心，虽然这次信心的代价有些昂贵，但是，在错误的道路上停下来，就是成功的开始。从公司长远发展的角度讲，这次错误带来的教训是值得的。

罗伯特·伍德鲁夫出卖了对可口可乐的信心，他在金钱上受到了损失，幸而，他出卖的不是全部，所以，他有机会发现更有价值的东西。

1929年的经济大萧条，是史上最严重的经济危机。后来，历史学家在总结这场危机的爆发和结束的时候，认为可口可乐的作用居功至伟，经济危机从表面上看是生产过剩，产出大于需求，其实从消费心理上看，是大众对经济实体长期发展预期是否有信心。如果对市场的预期较为黯淡，那么经济就会陷入一种无法自拔的怪圈，所以，走出经济危机的方法只有一个，就是众志成城，提升对经济的信心。

为了扭转史上最严重的经济危机，很多美国人开始走出家门，主动寻找工作机会。这时候，清凉无比的可口可乐，就成为最好的社交必需品。在鸡尾酒会上，在群体聚会上，大家都习惯性地频频举杯，微笑上扬的嘴角仿佛在暗示着一切都会好的，面包会有的，可乐会有的。

罗伯特·伍德鲁夫敏锐地发现，自己可以给消费者一些正能量的心理暗示，可口可乐这时候已经不再仅仅是一瓶简单的汽水，而是一种精神安慰剂。在当时电视台播出的可口可乐广告中，我们丝毫看不出经济危机中人们的颓废和不安。可口可乐的广告采用富于视觉冲击力的红色背景，载歌载舞的俊男靓女在欢呼声中畅饮可乐，这里没有一丝经济大萧条的影子，到处充溢着乐观向上、积极面对困难和挑战的情绪。

第二节　逃亡者的梦

> 可口可乐公司的股票，成就了无数个致富的传奇，也成就了诸位美国淘金者的美国梦。

1980年，可口可乐公司董事长保罗·奥斯汀功成身退，业界都认为可口可乐公司总裁唐纳德·吉奥将出任董事长。但结果却出人意料，新时代可口可乐公司的掌舵人竟是名不见经传的罗伯特·戈伊祖塔。

罗伯特·戈伊祖塔和可口可乐高层并无关联，甚至不是美国本土人，他是古巴人，是古巴哈瓦那一个富有的制糖商的儿子。16岁那年，罗伯特·戈伊祖塔漂洋过海，被父亲送到了美国，就读于康涅狄格州的一所著名的贵族子弟学校。

刚到美国的时候，罗伯特·戈伊祖塔对美国文化一无所知，他甚至连英语都不会说。可是，罗伯特·戈伊祖塔不甘心做一个文化的陌路人，他想迅速地融入到美国本土文化中，他决心先过语言关，于是他平时勤翻词典，租借了一千多盘美国电影录像带，经过一年的苦练，罗伯特·戈伊祖塔竟然掌握了流利的英语，最后还作为学校毕业生的杰出代表登台发表了毕业演讲。

1955年，罗伯特·戈伊祖塔以优异的成绩从耶鲁大学化学工程专业毕业。当他返回古巴的时候，已经觉得父亲的蔗糖工厂不能发挥自己的专长，于是他选择了可口可乐公司在哈瓦那成立的研究实验室。

4年以后，革命者卡斯特罗掌握了古巴政权，他开始大量没收外国投资者在古巴的资产，罗伯特·戈伊祖塔不得不作为逃亡者，开始了逃难生活，终于，他带着妻子和三个孩子逃往美国。当飞机落地时，罗伯特·戈伊祖塔仰天长叹，因为他的口袋里仅剩下20美元了。

在走投无路的时候，罗伯特·戈伊祖塔想起了可口可乐公司。凭着在古巴的工作经验，很快，可口可乐公司聘任罗伯特·戈伊祖塔为公司的实验员。罗伯特·戈伊祖塔永远忘不了自己仅剩20美元的窘境，他决心将自己的一生奉献给可口可乐公司，因为这个伟大的公司可以看作是自己的再生父母。这样，曾经一贫如洗的罗伯特·戈伊祖塔工作十分努力，10年之后终于有了回报，他被调入可口可乐公司总部，作为公司的中层，开始参与公司发展大计的制定。

罗伯特·戈伊祖塔为人谦和，而且他有个最大的优点是尊重老员工。虽然当时罗伯特·伍德鲁夫已经退居二线，但是罗伯特·戈伊祖塔没有忘记这个可口可乐公司的传奇人物，他经常驱车到罗伯特·伍德鲁夫的住宅，聆听罗伯特·伍德鲁夫的教诲。这时候，曾经的可口可乐公司董事长，昔日的风云人物，已经是赋闲在家的老人，门庭冷落，访者寥寥。对罗伯特·戈伊祖塔的谦逊求教，罗伯特·伍德鲁夫十分满意，两个人也因此成为了无话不谈的忘年交。

1980年，即将退休的董事长奥斯汀本打算自己选择继任者，他很看好公司的总裁吉奥，但可口可乐公司的幕后老板，90岁高龄的罗伯特·伍德鲁夫在董事会上对奥斯汀施加了压力，迫使他提名罗伯特·戈伊祖塔出任可口可乐公司董事长。

上任伊始，罗伯特·戈伊祖塔召集了可口可乐公司的全球销售经理，召开了一次公司集体会议，认为可口可乐公司经过百年的发展，已经不能再躺在历史的功劳簿上沾沾自喜，曾经的辉煌不过是前任的荣誉，现在，要做的只有一件事——寻求改变！变革的核心只有一个，就是百年不变的配方，那个神秘的七种秘方。

世界上一半的碳酸饮料都是由可口可乐公司销售的，这一销量是它的劲敌百事可乐公司的三倍。在美国，碳酸饮料销售额一年可达500亿美元，而可口可乐公司和百事可乐公司就占据了3/4。在美国，可口可乐占全美液体饮料总销售量的1/10。

可口可乐公司向全球近200个国家约1000家加盟者提供其糖浆和浓缩液，而这200个国家使用126种语言，同时也销售其他230种品牌的饮料。在大多数国家中，可口可乐鲜有对手。

谁拥有可口可乐公司的股权，谁就拥有了通往财富之门的钥匙。

可口可乐公司的前总裁罗伯特·戈伊祖塔出生于古巴，

1960年，他和妻子在迈阿密度假时中途变节，再也没有回过古巴，他在耶鲁大学接受教育，从亚特兰大起家，于1997年去世，这位商界名人的名言是——厨房里"饮水机"流出的应该是可口可乐，而不是自来水。

罗伯特·戈伊祖塔对业务的增长情况十分熟悉，他常说"上帝无处不在"。在古巴的时候，他唯一持有的财产就是100股可口可乐股票，购买时的价格是8000美元，买股票的钱还是向他父亲借的。他直到死还坚持持有这些股票，经过了近40年，这些股票的价值已经翻了300多倍，价值300万美元了。

在罗伯特·戈伊祖塔担任公司总裁期间，他把可口可乐公司的市值从40亿美元提升到大约1500亿美元，可口可乐公司的市值达到历史的巅峰。

在罗伯特·戈伊祖塔的游说下，太阳信托银行成为可口可乐公司的另一个大股东，持有可口可乐将近8%的股份，大约4800万股的可口可乐股票。更富于神秘色彩的是，太阳信托银行的保险库收藏有唯一一份书面的可口可乐配方。

可以说，除非得到可口可乐公司董事会的投票许可，以及公司董事长和另外两个人的陪同，否则任何人都不可能拿到这份手写的配方。

据说这份秘密的可口可乐配方是"7X的配方"。7指的是由橙子、柠檬、桂皮以及其他成分等寻常香料混合而成，而X配方是一个永远的秘密。本来，这份配方是通过口头传授而流传下来的，就如同是一种秘密组织的仪式隐语一样，后来才形

成书面的配方。

　　位于亚特兰大市的艾莫里大学商学院，拥有可口可乐公司4000万股份，他们将其所得的股息用于建设校园、设立奖学金和教授职位。

　　回溯到1922年，佛罗里达州昆西市的烟草农场主们，在当地一位银行家马克·门罗的敦促下，购买了可口可乐公司的股份，获利丰厚。门罗的女儿朱莉亚·伍德沃德说："可口可乐现在很流行，我爸爸很喜欢它的味道。而且，他认为可口可乐股票是一份很不错的财产，因为每个人都买得起一杯可乐。"

　　今天，那些听从那位银行家建议的农场主的后裔们，拥有可口可乐公司750万股股份，这些股票经过分拆调整后成本是每股2美分。可口可乐的25位百万富翁，也非常慷慨地将他们的财产投资给他们位于塔拉哈西市附近的家乡。

　　可口可乐公司的股票，成就了无数个致富的传奇，也成就了诸位美国淘金者的美国梦。

第三节　模仿与超越

企业因轻敌而培养了一个有力的竞争对手，这样的事例不胜枚举，所以，永远不要过于自信，轻视任何竞争对手。

一天，美国人打开电视机，发现有一个很有趣的匿名电视测试，这个测试的内容很简单，用一模一样的杯子盛满了两种可乐，并不事先告诉观众哪个杯子是什么品牌的可乐，而是根据大家的口味来做最后的鉴别。测试的结果出人意料，80%的观众选择了百事可乐作为自己喜欢的口味。

这则体验性的广告可谓开风气之先，内容极为朴素，没有丝毫的视觉效果和软性广告。所以，百事的广告一经播出就引起了全国轰动，连可口可乐的忠实拥护者都认定，百事可乐做的测试公平、公正。

百事可乐诞生于1890年，比碳酸饮料的领跑者可口可乐整整晚了4年。最初也是当作治疗胃病的药物开发的，由于是广大中低收入者喜爱的饮品，在种族歧视严重泛滥的美国，更为廉价的百事可乐被视为下里巴人，与被称为阳春白雪的可口可乐无法相比，但是这一切，在20世纪80年代初彻底扭转了。

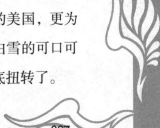

百事可乐一直想扭转自己低价、低等的品牌特点，但是都失败了，而且历史上百事可乐的老板，曾经三次想把百事可乐公司卖给可口可乐，最后一次开价极为便宜，仅仅5万美元。可是可口可乐公司根本没将这个竞争对手放在眼里，粗暴地拒绝了百事可乐的收购要约。这是一次未遂的并购案例，如果那时候可口可乐出了5万美元，也就没有了后来近百年的双雄争霸。

正是因为这种实力上的巨大差异，使得可口可乐将百事可乐做的一切都视为蚍蜉撼树，甚至在公司开会时，或者在公司内部的文件里，从来都不直说百事可乐公司的名字，而是用那个"模仿者"一词来代替。

当市场情报分析部门把百事可乐的广告策划汇报上来的时候，当时可口可乐的CEO罗伯特·戈伊祖塔并不在意，认为这不过是百事可乐公司的一次恶作剧罢了，他决定先不予理睬。

但是后来的局势有些失控，百事可乐在美国饮料市场份额突然上扬了近10个百分点，俨然有超越饮料市场龙头老大的趋势。

这个时候，罗伯特·戈伊祖塔刚刚主政，他的性格富于侵略性，他绝不能容忍百年企业毁在自己手里，更无法容忍有人讨论自己公司的地位。

他决心来一次针锋相对的测试，也找了几百个富于代表性的观众，开始了饮料口味的匿名测试。结果却大大出乎戈伊祖塔的意料，大众对百事可乐的口味更为欣赏。这时，戈伊祖塔第一次意识到问题的严重性，他知道，这是可口可乐公司百年历史上最大的威胁，已经关乎公司的生死存亡，罗伯特·戈伊祖塔热血沸腾，他决心做一次伟大的变革。

罗伯特·戈伊祖塔虽然是可口可乐的首席执行官，但只是台前的领导，真正的幕后老板是伍德鲁夫。伍德鲁夫在退休之后，名义上凡事交给戈伊祖塔，但是重大的决策必须自己亲自拍板才行。

罗伯特·伍德鲁夫的个性极为保守，喜欢一成不变的生活节奏，正是在他的手中，可口可乐的配方保持了近百年的历史。伍德鲁夫的生活哲学是新不如旧。比如，他有收藏癖，办公室简直成了旧货收容站，再比如，他钟爱的一双英国皮鞋，一穿就是20多年，而且在穿坏之前，他总是和家人抱怨，现在的人不懂得新不如旧的道理。

晚年的罗伯特·伍德鲁夫性格多疑，且热衷于权力，对任何能威胁到自己权力地位的人和事，一直敏感有加。他已经失去了创业初期的礼贤下士和从谏如流，变得暴戾无比，反复无常。

二战之后可口可乐占领了全球市场，罗伯特·伍德鲁夫也登上了权力的高峰。他执掌可口可乐公司居功至伟，变成了大众崇拜的偶像。伍德鲁夫也可谓顺风顺水，在可口可乐已经是说一不二。一个人一旦没有竞争意识，没有任何敬畏心理，难免会产生扭曲的心理，他变得喜欢奉承，听不进任何反对意见。所以，他的部下对待这个幕后老板敬畏有加，因为不知道

这个神秘莫测的隐居者会做出什么出人意料的事情来。

在这方面，可口可乐的老员工有着痛苦的回忆。比如1957年11月8日，被称为可口可乐公司的黑色星期五，因为早晨上班的时候，突然有几千名员工被宣布解聘了，也没有告知被炒鱿鱼的理由，为此，有想不通的员工在总裁办公室门口开枪自杀。很多人指出，这是罗伯特·伍德鲁夫在背后策划的一次绝密行动，至今也没人能明白伍德鲁夫到底是怎么想的。

罗伯特·戈伊祖塔对此记忆犹新，因为他的前任就是这样被解聘的，尽管他曾为可口可乐公司立下赫赫战功。

罗伯特·戈伊祖塔每每想起这些事，就觉得如芒刺在背，正所谓伴君如伴虎，陪伴一个富于传奇色彩的公司"皇帝"，戈伊祖塔凡事都小心翼翼，总是担心自己重蹈覆辙。

1984年的圣诞节，罗伯特·戈伊祖塔带领公司骨干研制出了新可乐，并做了周密的口味测试，这才胸有成竹，觉得找伍德鲁夫摊牌的时机成熟了。

此时，罗伯特·伍德鲁夫已经退休多年，虽然95岁高龄了，但是思路清晰，矍铄无比。

罗伯特·戈伊祖塔轻轻敲了房门，得到允许之后，才垂手站在伍德鲁夫的床边，好像是一个聆听老师教诲的小学生。

"我已经找到了击败那个仿冒者的办法，这次是决战，可谓毕其功于一役。"罗伯特·戈伊祖塔小心翼翼地试探老板的想法。

罗伯特·伍德鲁夫斜躺在床上，他已经垂垂老矣，在生命

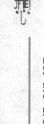

和创造世界名牌的人

一起放飞梦想

Let the dream fly

的暮年，细细地数着为数不多的时光。他聆听着戈伊祖塔对可口可乐现状的分析，对市场前景的预测，仿佛看到了自己年轻时期的意气风发和昂扬斗志，不过这时的伍德鲁夫已经无心回忆往事了，他指了指自己的心口，又指了指自己的脑袋。

罗伯特·戈伊祖塔明白，掌舵人的意思是要自己理性思考，小心选择。

罗伯特·伍德鲁夫忽然想起了一个叫斯蒂尔的人。这个现在百事可乐的掌门人，曾经担任过可口可乐公司的副总裁，斯蒂尔工作能力出众，但是为人不拘小节，和下属没有什么身份界限，这样的性格具有两面性，一方面在公司里人缘都很好，另一方面难免会使得伍德鲁夫的权威受到挑战。

罗伯特·伍德鲁夫正处于权力的巅峰时期，卧榻之侧岂容他人鼾睡，于是找了个借口，把斯蒂尔炒了鱿鱼。斯蒂尔转投可口可乐的竞争对手百事可乐公司，并带走了大量的营销精英。这个斯蒂尔到了新岗位之后，锐意改革，使得百事可乐公司从最初的模仿者，成功地转型为新型饮料的领航者。伍德鲁夫心里觉得懊恼不已，但是为了自己的面子和所谓的尊严，只好在部下面前自嘲："看看，我不用的人，在那边都是总裁。"

罗伯特·伍德鲁夫没想到，在自己生命的最后时刻，百事可乐仍然阴魂不散，纠缠着自己。他有些懊恼，当初犯了一个不可饶恕的错误，于是他对自己的继任者说："斯蒂尔！"

伍德鲁夫的话，好像禅宗的谜题公案一样，令人费解。

和创造世界名牌的人

一起放飞梦想

"您的意思是不是要我提防竞争对手呢？"戈伊祖塔说。

伍德鲁夫眼睛盯着窗外的梧桐树，沉默良久，他盯着戈伊祖塔的眼睛，好像要从中盯出事件的成功率和自信程度一样，过了一会儿，他才惜字如金地说："去做吧。"

伍德鲁夫说完之后，就再也没说话。

许多年以后，研究者还对伍德鲁夫的话争论不休，一种意见是，认为他的意思是让戈伊祖塔放手去做，不用再顾虑什么。另一种看法是，伍德鲁夫实际上对戈伊祖塔发出警告，他的停顿和沉默，已经很好地说明了自己的态度。

不管这种争论孰是孰非，反正从此以后罗伯特·伍德鲁夫茶饭不思，几十天之后，也就是在新可乐上市的前十几天，可口可乐的凯撒大帝罗伯特·伍德鲁夫去世了。他当时的想法再也无人知晓，或许，他已经无力掌控形势了，他觉得属于自己的时代已经过去了，自己的人生也到了该谢幕的时刻了。

第四节 走下神坛

> 这个世界上没有什么是一成不变的，没有最好，只有更好。即使是最好的，也可以将它做得更好。

可口可乐的广告宣传可谓是无孔不入，但是在上个世纪70年代末开始，可口可乐的市场占有率一直在下降，于是，公司决定进行自查。经过情报的综合分析，发现可口可乐口味的一成不变是销售量下滑的主要原因。可口可乐公司曾经秘不告人的配方，似乎对消费者失去了个性魅力，今天的消费者对充满传奇色彩的品牌故事并不感兴趣，他们喜欢的是具有挑战性的新奇口味。

1982年，可口可乐公司实施了一项秘密计划，代号为堪萨斯工程。

这个所谓的堪萨斯工程是可口可乐公司的一项秘密调查代号，公司一共出动了几千名秘密调查员，向10个城市的消费者发放了近百万份的调查问卷，请大众现场作答，每个答卷者都会获得一份可乐赠饮。

这个问卷有三个核心问题：首先，您愿意尝试饮用新饮料

吗？其次，您愿意接受可口可乐改变一种口味吗？最后，如果可口可乐和百事可乐的口味差不多，您会不会选择新可口可乐呢？结果，调查报告和董事会最初的预料差不多，接近60％的大众愿意尝试新口味可乐。

1984年9月，可口可乐公司终于研制出新可乐配方，这种新可乐与原来的配方相比，口感更加柔和，口味更甜。公司对推出新品很谨慎，在上市之前，可口可乐公司也组织了一场匿名的品尝测试。这次测试范围空前，在13个城市中，有近20万消费者参加了测试，在这次极具代表性的测试中，仍然有近一多半的消费者选择了新口味的可口可乐。

可口可乐公关部门设计的调查问卷和品尝测试，看起来无懈可击，实际上却忽略了一个最重要的问题，他们只是告诉被调查者，如果新口味饮料更甜，是不是会更受欢迎。而没有告诉被调查者，新可乐是对旧可乐的替代，而不是有益的补充。

另外，可口可乐公司市场调查人员，错误地判断了消费者的心态。

他们犯了四个错误。

第一个错误是将新旧可乐的区别，定位为是否更甜。这在潜意识里受到了百事可乐的影响，实际上百事可乐的异军突起，并不一定是口味的问题，而是美国年轻人崇尚酷文化，他们认为主流的文化就是堕落、衰老的老年文化，而可口可乐正是这种守旧的传统文化的符号，所以他们更喜欢代表着激进的叛逆文化的百事可乐。

第二个错误是进行匿名测试的时候，他们选择的群体并不具有代表性，因为他们只是选择了饮料市场的最大消费群体——年轻人。这本来无可厚非，但是这些年轻人有两种心理妨碍了测试的公正性。首先，年轻人本来就喜欢甜品，他们几乎到了无甜不欢的程度，其次，他们都有一种虚荣心理，当两种饮品供他们选择的时候，他们担心自己的测试不够准确，引起别人的笑话，就选择了更富于感官刺激的口味。于是他们几乎都选择了更甜的口味。

第三个错误是百事可乐在上世纪80年代崛起的时候，一些当年喜欢香甜口味的年轻人，已经逐渐地变成了中老年人，他们更接受一种健康理念，认为甜口味的饮料、油炸食品的快餐文化，会引起糖尿病等多种疾病，所以他们更喜欢低糖的健康饮食观念。

第四个错误是一个百年历史的品牌，如果仅靠一份问卷调查就轻易改变饮料的口味，未免有些草率，因为在他们的内心深处，可口可乐不仅仅是一种饮料，更是一种美国文化的代表。

但是不可否认，这次测试更加增添了董事会推出新品的决心。在董事会上，又陷入了一种争论，争论的焦点是，新可乐要是投产，是增加一条生产线，还是新品彻底取代经典可乐？

公司的决策层后来决定，要创新就要有破釜沉舟的决心，与其犹豫不决，不如当机立断，全面停产旧配方可乐。

1985年4月23日，可口可乐公司董事长罗伯特·戈伊祖塔

宣布了一项惊人的决定，可口可乐公司决定改变存在了百年的可乐配方。新可乐取代传统可乐正式上市，纽约市的林肯中心成了欢庆的海洋。

"这个世界上没有什么是一成不变的，没有最好，只有更好。即使是最好的，也可以将它做得更好。"戈伊祖塔说。

戈伊祖塔宣布：可口可乐并不是一个有百年历史的垂垂老人，而是一个有着无限未来前景的新人，要轻装上路，就要抛弃各种束缚，甚至是曾经的荣耀。可口可乐出发了，带着壮士断腕的决心！为了适应新时代新人的口味，可口可乐公司决定改变配方，重新出发。

直到20世纪70年代中期，可口可乐公司一直是美国饮料市场上无可争议的领导者，然而，从20世纪70年代中后期开始，可口可乐在饮料市场上的增长速度陷入了停滞。与此形成鲜明对比的是，百事可乐发展势头非常迅猛。它先是推出了"百事——我是新一代"的系列广告，将广告目标指向了饮料市场最大的消费群体——年轻人。

百事可乐的文化定位非常精准，年轻人是世界的未来，从此，青春活力成为了百事可乐的文化标签。百事可乐趁热打铁，又推出了号称"百事——新口味大挑战"的第二轮广告攻势。在这轮广告中，百事可乐公司大胆地对顾客口感试验进行了现场直播，即在不告知参与者是在拍广告的情况下，请他们品尝各种没品牌标志的饮料，然后说出哪种口感最好。试验全过程现场直播。百事可乐公司的这次冒险成功了，几乎每一次试验后，品尝者都认为百事可乐更好喝。这则广告无形中暗指可口可乐已经是明日黄花，而百事可乐才是属于未来的新时尚。

从此，可口可乐一家独大的局面被打破，变成了百事可乐与可口可乐双雄争霸。

20世纪70年代初，消费者认定可口可乐是自己消费的唯一选择，但是经过百事可乐的广告攻势，这种认同感，已经不是可口可乐公司的一家专利了，百事可乐也拥有了大量的拥护者。这一切，都证明二者的实力发生了巨大的变化。要知道，可口可乐的销售渠道和广告投入都要成倍地高于百事可乐，可口可乐公司高层认为，如果百事可乐的广告投入和自动售货机的数量提高到和可口可乐相同的程度，那么最后失败的很可能是可口可乐公司。新可乐即将投产，目前面临的问题是：是为"新可乐"增加新的生产线，还是彻底地全面取代传统的可口可乐？可口可乐的决策层认为，新增加生产线会遭到遍布世界各地的瓶装商的反对，公司最后决定"新可乐"全面取代传统可口可乐、停止传统可口可乐的生产和销售。

在"新可乐"全面上市的初期，市场的反应相当好，1.5亿人在"新可乐"面世的当天就品尝了它，但很快情况有了变化。愤怒的消费者给可口可乐公司的信件中这样写道："我只想知道一件事，亲爱的笨蛋董事长，请问在董事会中，是谁最先提议改变可乐配方的？要知道，这是我听到的最愚蠢的决定。"

和创造世界名牌的人一起放飞梦想

Let the dream fly

没想到，新口味可口可乐刚刚问世，可口可乐公司就接到了雪片一般的抗议信件，平均每天接到超过5000个抗议电话。公司不得不开通了近百条热线电话，来应对这些抱怨的声音。

消费者说，可口可乐不仅仅是一瓶饮料，更代表着一种美国文化，是美国精神的象征，代表着进取和快乐。有的消费者发下毒誓，如果不改回原来的经典口味，这辈子就不再饮用新可口可乐，改喝白开水和茶水。更有一些激进的粉丝成立了经典可口可乐饮者联盟，展开了轰轰烈烈的抵制新口味可乐运动。

面对这次史无前例的信任危机，可口可乐公司专门成立了市场调查机制，经过重新调查，和一个月前的调查结果完全不同，认同新口味可乐的大众，从先前的近60%，下降了一半。

进行口味变革的可口可乐，放弃了先前的核心品牌价值，而陷入了竞争对手的营销圈套。百年可口可乐仿佛放弃了自身的品牌核心，与其竞争对手一样，专注口味，核心定位于"新一代的选择"。与其说新可口可乐的品牌核心不明确，不如说自己就是另一个百事可乐。可口可乐陷入了品牌危机，口味变革以失败告终。

口味变革前的可口可乐，始终保持"可口可乐是一种美国精神，代表了快乐"的一贯的品牌核心。

"新可乐"面市后的三个月，其销量仍不见起色，而公众的抗议却愈演愈烈。

当消费者的反对像滚雪球一样越滚越大时，可口可乐公司密切关注着公众舆论的变动。市场调研一直没有中断，1985年6月份调研表明，只有49%的人表示喜欢新可乐，而51%的人喜欢老可乐。7月初，对900人的每周一次的调研表明，喜欢新可乐的人数只占30%，有70%的人喜欢老可乐。7月11日，可口可乐公司宣布"经典可口可乐"恢复上市，其商标定名为经典可口可乐，同时继续保留和生产"新可乐"，其商标为新可乐。

戈伊祖塔在纽约召开盛大的新闻发布会的前一天，他的竞争对手百事可乐公司也进行了营销公关。百事可乐首先在各大传媒的头版头条位置刊登了整幅的广告，上面除了有百事可乐的大LOGO之外，还有公司总裁恩里克的一封信，在这封致员工的一封信中，恩里克用无比自豪又幸灾乐祸的口吻说："众所周知，我们的老朋友被打倒了，我们无比的悲痛。但是可口可乐正在选择一条正确的道路，因为他们在向我们一直走的道路靠拢。显而易见的事情是，百事可乐的口味要比那个老朋友的好，所以，为了庆祝他们的改邪归正，我们全体放假一天。"

这封充满揶揄口吻的信函，让恩里克名声大噪，也让可口可乐盛大的发布会显得黯然失色。

恩里克的意思很明显，从前百事可乐一直被视为可口可乐的模仿者，这次情形正好相反，昔日的领跑者变成了追随者，曾经的传奇彻底走下了神坛。

Coca Cola

第五章　**认识自己的代价**

Coca Cola

第一节　最成功的"失误"

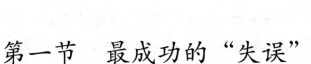

> 无论是正面还是负面的媒体新闻，都是企业最好的免费宣传广告，批评也好，赞扬也好，都是企业营销策略的胜利。

戈伊祖塔坚持推出新口味饮料，他想将这次大事件作为可口可乐百年庆典的献礼。不管这件事成功与否，戈伊祖塔都将成为可口可乐历史上的里程碑式的人物。罗伯特·戈伊祖塔想超越前任伍德鲁夫的时代，开创一个新纪元。

1985年，纽约，可口可乐公司启动了庞大的营销队伍，第一批饮料的销售意义深远，可口可乐计划让1.5亿人在一天之内畅饮可乐，因为这样能迎来一个好彩头。从生产线上下来的第一批新口味的可口可乐，马上被送到正在维修自由女神像的工人手中。这个营销方案显然经过了精心策划。因为自由女神可谓美国自由精神的象征，而维修工人是美国社会建设的脊梁，由他们来为新可乐的销售剪彩，是再合适不过了。当这些工人畅饮新可乐的时候，氢气球和五彩的烟花以及大幅的标语，将纽约的夜空装点得无比绚烂。

"您觉得怎么样？我们尽力了，只要是能想到的宣传手

和创造世界名牌的人

一起放飞梦想

段，我们都用上了，这是决战，我们知道。"可口可乐广告部的总经理自豪地对戈伊祖塔说。

可口可乐的市场营销能力毋庸置疑。每年它都会请来世界上最好的艺术家为它制作新广告，每年也都会举办很多很有创意的营销活动吸引人们的眼球，甚至它花费巨资让四年一度的奥运盛会成为了可口可乐的产品展销会。人们都说21世纪的经济是眼球经济、注意力经济。这一招儿，可口可乐在20世纪就已经很擅长了。在如此强大的市场宣传攻势面前，似乎新可口可乐没有理由失败。

可是，那些可口可乐的忠实买家，马上做出了激烈的反应。一位消费者特别爱喝可口可乐，每天都要饮用可口可乐。但是一听说新口味可乐上市，他马上连夜去超市买了10打旧口味可乐，他在当天的日记中写道：世界上的万事万物都可以改变，俗话说得好，太阳每天都是新的，但是在我心里，只有一个太阳，那就是旧口味的可口可乐。

一位二战时的退伍老兵，酷爱可口可乐，甚至在遗嘱中说要将自己的骨灰密闭在可口可乐罐里，但是听说新可乐上市，他马上修改了遗嘱，并且对亲人伤感地说："我要去天堂了，那里会有我心爱的可口可乐，不过，很遗憾，那些陪伴我在蓝天飞翔的可口可乐不复存在了。"

一周之内，可口可乐公司平均每天能接到5000个投诉电话，而电话的内容几乎都是一样的——抨击可口可乐改变口味。美国媒体更是集中文字和图片对可口可乐进行大批判。刚开始，戈伊祖塔还很得意，因为无论是正面还是负面的新闻报道，都是最好的免费宣传广告，毕竟在短短的几天时间里，新可乐在美国就取得了轰动性的宣传效果。批评也好，赞扬也好，都是可口可乐的营销胜利。

但是随后几个月里，罗伯特·戈伊祖塔笑不出来了。到了1985年6月份，电话投诉的数字变成了每天8000个，公司还收到了40000封投诉信。

有人在信中写道："你们想想，可以再写一次《宪法》和《圣经》吗？对我来讲，改变可口可乐的配方，就是改写我心中的《人权宪法》和《圣经》。在我的生命中只有两件事情，上帝和可口可乐。而现在你们正在拿走其中一样，看来，我只好到上帝那里索要我的梦想了。"

还有人甚至寄来了一张最高面值1000万美元的空白支票，信里还附带一张挑战书："你们有新的配方了，俗话说，从来都是新人笑，有谁听见旧人哭，既然你们不珍惜，那么就把它卖给我吧，你们不配拥有这个伟大的配方。"

戈伊祖塔大惑不解，可口可乐的消费者应该是非常忠实的，现在怎么这么善变？他命令可口可乐市场调查部门紧急出击，很快就拿到了新的市场调查报告，他们发现之前声称喜欢"新可乐"的顾客是52%，到了6月，一半以上的人说他们不喜欢了。到了7月，只剩下30%的人说"新可乐"好话了。愤怒的情绪继续在美国蔓延，再加上传媒还不停地煽风点火。戈伊祖塔实在扛不住了，他宣布恢复传统配方的生产，定名为经

典可口可乐；同时继续生产"新可乐"。就在消息宣布当天，公司接到了18000个感激电话，经典可口可乐的复出几乎成了第二天全美各大报的头版头条。当月，经典可口可乐的销量不降反升，同比增长了8%，股票也攀升到12年来的最高点——每股2.37美元，而新可乐的市场份额只有0.6%。

虽然新口味的可口可乐在市场上遭遇了滑铁卢，但是一直在旁边看热闹的百事可乐发现自己的日子也不好过，虽说自己给可口可乐下了个套儿，但是可口可乐的危机也伤害到了自己的利益。一浪高过一浪的要求老口味可口可乐回归的情感攻势，让百事可乐的销量受到了波动。同时下降的还有百事可乐的股票，就在经典可口可乐复出的这个月，百事可乐的股票每股跌了0.75美元。此时百事可乐才恍然大悟，可口可乐的品牌远非几次匿名口味测试就可以摧毁，再在两者口味差异上做文章意义不大。1987年，百事可乐停播了已经播出12个年头的匿名口味测试广告。

尽管此时所有人都知道可口可乐的新口味彻底失败了，但是罗伯特·戈伊祖塔还是不服输，甚至在5年后，他还新瓶装旧酒，把这个失败的配方产品再次拿了出来，更名为"可口可乐Ⅱ"继续销售，结果新产品还是因为缺少购买力而草草收场。

许多美国人开始寻找已经停产的传统配方可口可乐，这股怀旧风潮使得旧可乐的价格一路飙升，而随着传媒的广泛参与，近百年历史的传统可乐配方，被渲染成爱国主义的象征，很多人认为可口可乐公司把美国人神圣的历史感玷污殆尽，甚至连罗伯特·戈伊祖塔的父亲也在媒体上发表声明，批评新可乐是数典忘祖，他老泪纵横，威胁要不认这个忘本的儿子。

两个月以后，1985年7月11日，戈伊祖塔率领可口可乐公司的高层，站在可口可乐标志下向公众鞠躬道歉，宣布立即恢复传统配方的可口可乐的生产。这一切，仿佛是有剧本的肥皂剧，情节跌宕起伏，结局出乎意料。

这个爆炸性的消息，使得美国人沸腾了。ABC电视网中断了周三下午正在播出的节目，马上插播了可口可乐公司的新闻。所有传媒都以头条新闻报道了"老可乐"归来的喜讯。

民主党参议员戴维·普莱尔还在参议院发表演讲，他激动地挥舞双拳："这是美国历史上一个非常有意义的时刻，这是民族精神的胜利，更是民主精神的胜利！它表明我们的民族精神是不可更改的，我们的伟大意志是不可更改的！"

华尔街也为可口可乐公司的决定欢欣鼓舞，市场的分析师乐观地调整了对可口可乐股票的预期，而"老可乐"的归来也没让股民失望，从开市便一路飘红，可口可乐公司的股价一举攀升到12年来的最高点。

百事可乐公司美国业务总裁罗杰尔·恩里克，曾经不无揶揄地说："可口可乐公司推出'新可乐'是个灾难性的错误。是80年代的'爱迪塞尔'。"

爱迪塞尔是20世纪50年代福特公司推出的新车型，但是这种颠覆传统经典T型车的创意并没有获得消费者的认同，直到

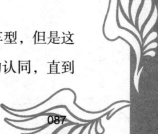

五年之后，福特公司推出野马牌汽车，才扭转了业绩下滑的颓势。

百事公司将可口可乐新口味实验看作是爱迪塞尔，其实并不确切，因为可口可乐公司并没有在新口味的实验上越走越远，而是来了个急刹车，回归了传统口味，这种危机公关获得了意外的成功。有人说，这是可口可乐公司误打误撞，正好打了亲情怀旧牌，也有人说，这一切不过是一场高明的公关秀。

关于新可乐事件，可口可乐公司总经理吉奥说过一句耐人寻味的话："有的人批评说，可口可乐公司犯了一个不可饶恕的错误，有的人说，这是可口可乐公司自导自演的一场营销文案，但事实上，只有我们心里知道，我们没有你们想象的那么愚蠢，但是也没有你们想象的那么精明。"

吉奥认为，自己的错误并不是推出了新口味可乐，而是在推出新品的同时停产了经典口味的可乐。

"说实话，我们做这件事的时候已经有所准备，一些人心里肯定会有些不满，但是我们实在不清楚他们的不满会到什么程度。"戈伊祖塔说。

"我们犯了一个最致命的错误，我们花了那么多的时间和金钱来调查消费者对新可乐的看法，实际上，我们忽略了一个更重要的调查，应该问一问消费者对经典配方的感情。"吉奥说。

第二节　逆向思维营销术

> 一个企业重视的是什么，决定这个公司
> 的收益是什么。

不要寻常的口味，创造神秘感是可口可乐公司文化的核心手段。

这种创造神秘气氛促进营销的策略虽然有悖商业道德，却是扩大销售的仙方。最近公司的一位离职主管承认，天知道到底有没有什么配方，而秘密配方对公司的工作人员来说没有多大意义，可口可乐成功的真正秘诀，在于品牌和商标在一个多世纪里所产生的影响。话虽如此，但配方的秘密曾经是吸引顾客的重要原因。

可口可乐公司追求神奇的效果。20世纪70年代初期，可口可乐公司总裁沃斯丁试图为可口可乐创造一种他称之为"神奇效果"的影响。他认为公司应带头保护环境，改善民族关系，建立模范移民计划，生产营养丰富的饮料。虽然他提倡的事业收效甚微，但公司目前仍在追求"神奇的效果"，仍在做一些有意义的事情。在南非，公司为提高黑人生活条件设立了1000万美元的"平等机会基金"，同时，在美国的可口可乐基金会

正在资助有创新意义的教育和环境保护等项目。

可口可乐公司不求一家独大，利润独揽，出让产品的利润链条。

可口可乐的精明之处在于，并不将所有的利润都紧紧攥在自己的手里，而是懂得与合作伙伴分享，可口可乐公司的营销思路是，在生产和流通环节，如果流动的成本下降，那么产品的终端零售就会带来更大的利润。多年来，和可口可乐相关的领域都得到了迅猛的发展，比如瓶子的生产企业、可乐售货机提供商、零售批发商等。这使得可乐公司的凝聚力得到了空前的提升。而这些商人也愿意同可乐公司合作，这样就形成了良好的循环。

可口可乐公司不求产品为高端人群服务，要让人人都买得起。

从1886年到21世纪50年代，每瓶可乐的价格只有5美分，现在它的价格也不是很贵。因此，第三世界国家的人们也能买得起。就是在困难时期，可口可乐仍畅销不衰。在20世纪60年代美国经济大萧条和最近的不景气时期，可口可乐的制造商们仍财源滚滚。

可口可乐的生产成本极低，战争年代卖5美分的可乐，其实实际的生产成本还不到1美分。可口可乐公司的发展创造了一个商业奇迹，它并不是什么高科技公司，生产周期也不长，技术也毫无难度，虽然生产过程有着故弄玄虚的环节，但总体来说属于劳动密集型产品。就是这种产品，获得了世界性的声誉。

可口可乐公司不求大而全，只求小而精。

可口可乐公司的信条是，必要时扩大经营，但不必要时要专注于主营产业。比如，罗伯特·戈伊祖塔1981年任可口可乐公司总裁后，正逢娱乐产业蓬勃兴起，利润可观，于是他立即扩大经营范围，买下了当时看来市场前景黯淡的哥伦比亚电影公司。

正当大众和华尔街的评论家认为可口可乐要不务正业，走向多元化生产经营模式的时候，1990年，公司董事会把哥伦比亚电影公司卖给了索尼公司，并获得了丰厚的回报，然后又一心扑在饮料事业上。就这样，通过适时扩大生产规模，可口可乐公司的股票在20世纪80年代增值近10倍，并在20世纪90年代初分割了两次，为广大投资者带来了丰厚的利润，成为投资者心目中的绩优股。

可口可乐公司不求占有多少，只求获得多少。

一个企业重视的是什么，决定这个公司的收益是什么。有些人更看重企业的市场占有率，认为这样会带来丰厚的利润，而可口可乐更注意最低利润。这一观点看起来非常简单，但在戈伊祖塔上任之前没有人重视过这个问题。在同百事可乐的竞争中，人们只注意市场份额，而不是市场利润。戈伊祖塔发现，这种广泛为人们所赞扬的饮料公司事实上正在做赔钱的买卖，因为他们把资金花在容积为5加仑的金属桶上了。

可口可乐公司不求账面盈余，只求现金流动。

现代化的经营需要不断地扩大规模，这样就涉及到各种拆借信贷。罗伯特·伍德鲁夫接管公司时，公司的负债额使他大吃一惊，伍德鲁夫信奉保守化的经营模式，始终坚信现金为王。结果，保守经营战略使公司再也没有出现过举债经营的商业危机，后来，在戈伊祖塔担任公司总裁期间，公司承担了一些合理的债务。戈伊祖塔和他的财务总监爱维斯特认为，如果再投资能获得较大利润的话，适当借债是有意义的。这就是一个简单的道理，资金只有流动起来，才能创造更大的价值。而在资本市场上，一种简单的办法是重新购进自己发行的股票，促进股价进一步上升。

创办合资企业是合理使用资金的营销方法。可口可乐公司最初犯了一个致命的错误，就是认为饮料生产的上游产业是利润最高的，所以他们放弃了利润偏低的灌装产业。可口可乐公司当时认为公司的主营业务就是生产最核心的产品——精炼糖浆，而公司拥有的几个有限的灌装厂，不过是可口可乐公司培训员工的实习基地，并不作为利润的发动引擎。

后来，公司终于意识到，灌装厂虽然是生产的终端产业，但是这些工厂一旦被其他饮料公司所控制，后果不堪设想。这种危机在菲律宾马尼拉一带爆发过，可口可乐公司的利益差点被他的竞争对手百事可乐夺去。于是，可口可乐公司决定，在世界各地进行卓有成效的合资生产，主动出击，与经营状况欠佳的灌装厂联合，把金钱注入纵向联合的饮料体系，终于扭转了先前的不利局面。

可口可乐公司认为，不能故步自封，要入乡随俗。

罗伯特·伍德鲁夫掌舵可口可乐公司的时候，他主张公司要有全球发展的策略。如果想成为世界公民，必须虚怀若谷，不能仅仅局限于所谓的美国文化，应该努力使可口可乐在德国成为德国人喜爱的饮料，在法国成为法国人喜爱的饮料。

可口可乐公司每到一地，就会与当地主要企业签订分装合同，并通过由当地公司制造运输卡车、可乐瓶、托盘、商标制造等办法，来鼓励他们从事可口可乐的配套生产。例如在中国和印尼，可口可乐公司的第一个任务是建立基础设施，建立浓缩厂、制瓶厂、灌装厂，购买卡车，制作销售标记等，由总公司出口的东西就是可口可乐浓缩液。这种方法使得可口可乐迅速地在世界各地发展起来。

"放眼全球，始于足下。"可口可乐的总裁们都争着把这一短语据为己有，但不论出自何处，可口可乐公司充分印证了其中的智慧，并用它指导经营。

第三节　一个伟大的"错误"

> 最伟大的CEO，总是出现在最危难的时
> 刻，力挽狂澜，扶大厦于将倾。

很多人认为罗伯特·戈伊祖塔是个野心勃勃、愚蠢盲动的领导者。戈伊祖塔的确野心勃勃，但他又十分精明，而且是个称职的CEO。罗伯特·戈伊祖塔的新口味测试错误被美国《商业周刊》评为"近十年最大的营销错误"，《纽约时报》甚至把它称为是世界商业史上一百年来最重大的失误之一。但这并不妨碍罗伯特·戈伊祖塔成为可口可乐历史上最伟大的董事长。

在可口可乐推出新口味的同时，罗伯特·戈伊祖塔还在干一件大事情，这就是出售曾经的优良资产哥伦比亚电影公司。三年前戈伊祖塔收购哥伦比亚影业公司时，付出了7.5亿美元，这让业界人士都大跌眼镜，因为这相当于哥伦比亚影业公司股票市值的两倍溢价。再说，一个饮料公司来经营一家影业公司，行业跨度未免太大了，所以大家都不看好戈伊祖塔的决定，当时的董事会成员一致强烈反对。但是罗伯特·戈伊祖塔翻出了可口可乐公司的发展史，他振振有词地证明，可口可乐早就和电影电视结缘，公司的发展壮大和影视业密不可分。

1929年经济大萧条时期，可口可乐通过电视广告，获得了营业额的大幅攀升。现在干脆就收购一家影业公司，播出可口可乐的软性广告。罗伯特·戈伊祖塔坚持收购哥伦比亚电影公司。

事实证明，罗伯特·戈伊祖塔的决策富于预见性。仅仅在一年后，哥伦比亚就为可口可乐带来了近亿美元的利润。更为重要的是，电影也成为了可口可乐公司的宣传阵地。在哥伦比亚出品的电影中，俊男靓女喝的都是可口可乐，特别是英雄人物一出场就会喝可口可乐，每到关键时刻也会摇晃可口可乐进行思考。而百事可乐往往是在消极的情节下出现，百事可乐经常出现在大反派的手中，仿佛百事可乐的瓶身贴上了邪恶的标签。

后来，随着电视和网络的兴起，哥伦比亚电影公司的业绩开始走下坡路了。于是，罗伯特·戈伊祖塔当机立断，把哥伦比亚电影公司卖给了日本的索尼公司，索尼为了获得控股权，付给了戈伊祖塔近50亿美元，这几乎是戈伊祖塔当初买哥伦比亚时价格的7倍，更重要的是，通过哥伦比亚影业公司的宣传，可口可乐节省了巨额的广告费用。

1997年，罗伯特·戈伊祖塔因肺癌在亚特兰大市去世，在他执掌可口可乐帅印的16年中，可口可乐的市场价值从40多亿美元上升到了近1500亿美元，全球市场份额达到了50%以上，成为饮料市场上真正的航母企业。

为了纪念这位杰出的领导者，罗伯特·戈伊祖塔的葬礼宛如国葬，可口可乐在全球的企业停止办公一天，所有的可乐生产基地降半旗致哀，全球两万多家麦当劳快餐店也降半旗。这种尊崇的待遇甚至超过了诸多政治家和艺术家，因为从数量上讲，毕竟快餐店的数量要远远超过诸多大使馆的数量。虽然罗伯特·戈伊祖塔在任时犯过方向性的错误，但他却获得了无上的荣誉和尊敬。

这是个巨星陨落的时代，罗伯特·伍德鲁夫走了，罗伯特·戈伊祖塔也走了，但红色的可口可乐依然飘扬在了世界的各个角落。

2008年以来，发生在美国本土的次贷危机好像是一次多米诺骨牌效应，逐渐演化成了一场全球性的经济危机。在这场危机中，昔日的美国偶像都纷纷轰塌。雷曼兄弟机构、通用汽车公司纷纷裁员自救。就在世界五百强企业都在节衣缩食的时候，2008年，可口可乐却在其海外最大的市场——中国开展了收购计划。可口可乐公司瞄准了中国果汁饮料企业汇源公司，它向汇源公司提出的收购报价是25亿美元。

在解放之前，中国就已经成为了可口可乐海外的最大市场。改革开放后，可口可乐公司以全新的姿态重返中国，并迅速地成为饮料行业的翘楚。不过，这种迅猛的增长势头并没有维持多久。

进入21世纪，人们的健康观念发生了重大的转变，甜食和油炸食品被视为人类健康的杀手，人们纷纷拒绝食用快餐和不健康饮品。碳酸类饮料首当其冲，在世界范围内都出现了销量下滑、增长乏力的迹象。

与此同时，代表着新时代口味的果汁型饮料却出现了迅猛的增长，果汁型饮品也被称为是新时代的饮品。

汇源在高浓度和纯果汁市场中，处于绝对领先的地位，占有四成左右的市场份额。可口可乐公司虽然在世界市场上攻无不克，但是却败在了中国本土果汁企业汇源公司手上，所以可口可乐企图通过收购汇源公司，将自己的市场份额提高到遥遥领先的地步。

但是，强势的可口可乐公司并没有如愿。2008年的3月18日，中国商务部以可口可乐的收购要约涉嫌垄断为由，否决了可口可乐的收购行动。2009年4月，可口可乐公司的现任CEO肯特宣布，受全球金融危机影响，碳酸型饮料市场的业绩下滑，可口可乐第一季盈利下降了10%。

虽然可口可乐的这次并购失败了，但是可口可乐公司在全球的生产基地已经达到了近5000家，而在美国本土的份额不超过1/10，所以，全球化的并购是可口可乐公司未来的发展方向，只不过，收购的对象不一定是汇源公司，但很可能是发展势头良好的果汁型饮料公司。

从1886年可口可乐诞生到今年，可口可乐已经走过了123年的历史。可口可乐的历史本身就是近现代企业发展的浓缩版本。这一百多年来，可口可乐经历了十余任CEO。俗话说，沧海横流，方显英雄本色，最伟大的CEO，总是出现在最危难的

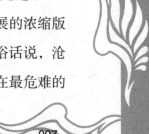

时刻，力挽狂澜，扶大厦于将倾。阿萨·坎德勒、罗伯特·伍德鲁夫、罗伯特·戈伊祖塔等，他们好像是美国文化的使者，让可口可乐的红色标志通行全世界。

Coca Cola

第六章　　从药铺到天堂

Coca Cola

第一节 瓶中"魔鬼"

人的创造灵感的突现，往往不是偶然得之，而是长期坚持不懈追求自己梦想的结果。

可口可乐瓶子本身，也有一段传奇的历史。

鲁德是一个瓶子工厂的普通员工，这个小伙子出身寒微，父母是贫苦的农夫，因为体弱多病，也无暇照顾小鲁德，所以小鲁德经常食不果腹。不过鲁德是一个有着超凡毅力的孩子，7岁那年，他独自在树林里玩，发现一只小野兔从眼前跑过，为了捉住它，小鲁德竟然追了兔子整整15个小时，终于捉到了这只小野兔，因此，周围的邻居都认为这个小家伙，将来一定能有大出息。

因为家境不好，小鲁德并没有继续上学，他早早地承担起养家糊口的重任。进城之后，他做过很多工作，当过四处投递报纸的邮递员，做过饭店的小杂役，后来他成了亚特兰大市一家瓶子加工厂的工人。

鲁德有了一个意中人叫朱迪亚，这个有着一头金色头发的姑娘，并不在意鲁德的家境，两个真心相爱的年轻人苦中作乐，共同憧憬未来的美好生活。朱迪亚不仅年轻貌美，而且爱好广泛，她喜欢收集各种简报。有一天，鲁德无意中在朱迪亚收集的报纸广告上，发现了一则广告，悬赏可口可乐新瓶的设计，奖金根据设计的新颖性和实用性，设定为100万美元至1000万美元。

鲁德认为这是自己一生中为数不多的机会，他决心抓住它。他和朱迪亚商量，想冒一次险。

"亲爱的朱迪亚，我发现了一个好机会。除了能得到一大笔金钱以外，更重要的是，能展示我的设计特长。这可是一个千载难逢的好机会。我想辞职，专心设计。"鲁德向朱迪亚晃了晃手中的剪报，兴冲冲地向朱迪亚说了自己的想法。

"我也看到了剪报，不过，要是能利用业余时间搞设计，不也是一样的吗？你要是马上辞职，不为自己留条后路，要是设计失败了，我们的未来可怎么办啊？"朱迪亚的话虽然不多，但也是为鲁德着想，这是一种两全齐美的好办法。

鲁德认为：人生有得有失，如果什么都想得到，那就什么也得不到。所以，他决定破釜沉舟，全力以赴。他不顾朱迪亚的反对，毅然辞职，闭门搞设计，一干就是半年多，这其间，瓶子设计的稿纸堆积起来有一人多高。

可口可乐公司对瓶子的设计要求有三条：一是外形美观，要取得消费者的好感；二是瓶身被水浸湿了不能打滑，以方便消费者饮用；三是从经济效益的角度看，要让这个瓶子实际上比看起来装的饮料少。

这三个条件，分别从美学、实用和经济角度，对设计者提出了高要求。尽管鲁德日以继夜地设计，灵感还是迟迟没有光顾自己，鲁德也对自己的设计丧失了信心，他甚至不敢见朱迪亚，认为自己辜负了朱迪亚的信任，更后悔自己没有听女友的忠告。

这一切都是为了未来美好的生活，可是现在，自己糟糕的设计让这种梦想可望而不可即。

就在可口可乐瓶身设计截止期限快要到了的时候，这年的夏天，朱迪亚来到鲁德简陋的设计室，想让这个书呆子出去透透气。

"喂喂喂，你这个傻乎乎的家伙，快看看我，是我啊，鲁德！"朱迪亚来到鲁德面前，她想让鲁德抬头看看自己，因为今天她特意化了淡妆，穿上了一条红色的裙子。

鲁德对朱迪亚心怀愧疚，他早就知道朱迪亚来了，却没有勇气直视女友，只好假装没听见。

过了好一会儿，鲁德终于鼓足勇气看了朱迪亚一眼。这一瞬间，鲁德好像看到了圣母玛利亚显灵，觉得来了灵感："就是这样，不要动，朱迪亚，求你不要动，就保持这个姿势。"鲁德马上拿起画笔，飞快地为朱迪亚画了张速写，那天朱迪亚穿着一条紧身的流苏裙子，将自己的曲线衬托得恰到好处，在阳光的照射下，显得朱迪亚如出水芙蓉般美丽，落落大方。这时，鲁德突发灵感，想到了新瓶子的设计方案，就是依照朱迪亚身材的样子设计瓶身。

当晚，鲁德又经历了一个不眠之夜，第二天，鲁德把这个瓶身的设计递交到美国知识产权专利特许厅，注册了产品设计专利权。接着，鲁德又根据自己的设计制作了瓶身样品，后来，鲁德带着瓶子找到了可口可乐公司的总裁。

"这是我的设计，希望您能采纳我的设计，相信这个小小的设计会给您的公司带来好运。"鲁德先做了一番自我介绍，然后递上了自己的设计。

"嗯，这倒是个好的设计，符合可口可乐招标的前两条。但有个致命的缺陷，因为中间有凸出来的部分，装进的饮料应该更多，所以很遗憾，我们不能采纳您的设计。"总裁拿过瓶子，仔细端详了一番。

"我的瓶子和您手中的杯子比，好像更大一些，下面我们做个小小的实验，看看哪个能装更多水呢？"鲁德觉得机会就在眼前，不能眼睁睁看着机遇就这么溜走。鲁德在瓶子里装满水，然后倒进了总裁的杯子里，全部倒完，水只装了水杯的一多半。

"鲁德，我明白了，原来你的设计中隐藏了一个秘密，瓶子看起来很大，但是瓶身的下面有个凹陷，所以，你的设计就是我们的最佳选择。"双方当场就签订了合约，这个简单而迷人的曲线设计，价值600万美元。

鲁德一夜暴富，从一贫如洗的穷小子，变成了富甲一方的百万富翁。这个重情义的男子汉履行了先前的诺言，迎娶了朱迪亚，后来，两个人在家乡开办了一个玻璃制品厂，过上了幸福的生活。

鲁德设计可口可乐瓶子的故事，好像是一个励志的童话。不过，我们发现鲁德的灵感突现，并不是偶然得之，而是长期坚持不懈追求自己梦想的结果。

第二节　个性定制

社交文化媒体营销团队是新时期的营销主力，数据调查、网络营销是未来企业营销的主要趋势。

可口可乐推出了一次新的广告创意——昵称瓶。在可口可乐的包装上印着：你要和谁分享这瓶可口可乐？然后，是一系列的网络用语，比如"邻家女孩""白富美""月光族""考霸"，等等。这种源自于澳大利亚市场的创意，在中国市场广受好评。

不仅如此，可口可乐在新浪官方微博上，开展了一场昵称瓶的定制活动，这次活动一经推出，5分钟之内，订购数达到了近千份，每瓶售价20元。这样的销量对动辄上亿的可口可乐销量来说，实在是微乎其微，不过这次活动的象征意义大于实际意义。这标志着可口可乐公司的营销策略从单纯的单向销售

进入了个性化的定制阶段。

可口可乐中华区的数字营销总裁陈慧菱利用后台技术，对购买定制可口可乐的顾客进行了身份分析，发现这次营销活动十分成功，因为顾客来自全国各地，有的消费者还不止定制了一份可乐。

这次可乐定制活动不过是一场营销预演，他们还酝酿着一场大型活动。他们将昵称瓶通过社交媒体邮寄给网络代表性人物。

可口可乐公司的这次新品测试，采用的是精准投递的方式，对象主要是四类人：一是网络的意见领袖，因为他们在微博上的言行，会影响大量的消费者；二是微博、博客上的社交媒体忠实用户和读者，他们接受新事物非常快，能迅速地融入到可口可乐的销售大军；三是各种媒体和代理商，这些人也有助于扩大可口可乐在网络新媒体的影响；四是有诸多粉丝数量的明星艺人，他们对消费市场也有广泛的号召力。

上个世纪80年代，可口可乐公司的换口味风波，结果以失败告终，这次他们又打起了瓶子的主意。

"社交媒体平台，是新时代的重要媒介，有助于提高可口可乐在年轻人心中的影响力。"陈慧菱说，"我们要一直跟踪消费者的情感需要，因为可乐不过是99%的糖加水，如果不输出和培养一种可乐文化，我们就不会成为有着百年历史的企业。"

的确，现在年轻人的日常语言，一直奉行着平面化和直观化的特点，随处可见诸多杂糅语和缩略语，这些语言文化已经成为80后和90后沟通的重要手段，成为日常文化的重要组成部分。

有营销学者认为，昵称瓶的推出是以文化来替代营销的经典案例。其中表达的文化内涵体现了年轻人的身份认同和个性化需求。昵称文化诞生于社交网络，是一种标签文化，更是一种生命存在感的体现。符合可口可乐公司的快乐主题，也体现了一种勇于自嘲的健康心态。

可口可乐瓶子现在成了一种互动的社交工具，可口可乐的社交文化媒体营销团队，是新时期的营销主力，虽然根据数据调查，利用网络营销，只能使短期的销售数据提高万分之一，但这种努力，是未来企业营销的主要趋势，所以可口可乐并没有放弃这个领域的建设。

可口可乐公司发现了一个有趣的现象，在高考期间，印着"考霸""状元"的可口可乐饮品，销量激增。看来，可口可乐公司不仅在销售一种饮料，更是在世界范畴内培育一种饮料文化。

第三节　发现美的眼睛

> 最能直接打动心灵的还是美，美能在想象里渗透一种内在的欣喜和满足。美是到处都有的，对于我们的眼睛，不是缺少美，而是缺少发现。

从上个世纪开始，可口可乐在全球分销和特许经营的国家已将近200个国家，这个1886年诞生于美国亚特兰大的可口可乐，以其独特的瓶型和红色的饼型标志，从1915年揭开了它"永远的可口可乐"的广告序幕，将美国文化融入到世界文化的范畴之内，可口可乐也成为了人类历史上工业化文明以来最知名的国际化品牌。

百年品牌历史的可口可乐，给人们留下深刻印象的不仅是产品本身,除了畅销百年的辉煌业绩和神秘莫测的配方传闻之外，它的广告创意同样精彩。纵观可口可乐的广告创意，我们可以发现这个伟大公司的独特之处，在于从细微处发现美的涵义。有人说，可口可乐重新定义了美与文化。

红色是可口可乐永恒的主题，某年，可口可乐的主题词是"为了你"。广告中，将两个英文单词（FOR YOU）艺术处理之后变成了一个躺倒的可口可乐瓶子，这两个英文字母就成为画面的中心，为了你，就是为了消费者。就是在这样简洁的创意，大众在红色强烈的视觉冲击下，接受了可口可乐的深情厚谊。

某年，可口可乐公司的广告词为"天苍苍，地茫茫，可口可乐伴你走四方"。

画面的中心，是一望无际的旷野，在中间一条延伸向远方的公路旁，一间温暖的小卖部孤零零地停在那里，暗示着在茫茫的旅程中，总有个驿站供你休憩。而这个驿站的核心就是可口可乐，在小店的门口，摆放着各式各样的水果，在这些水果的下面，是一个醒目的红色的可口可乐箱子。

这个含蓄的画面，实际上以一种无言的声音在向大众倾诉：天际苍茫，路途遥远，一间简朴的小店，成为人生中难得的驿站，让人引发无限的遐思。在一个充满象征的空间中，时空和生命的轨迹交错在一起，大自然在这里成为了和可口可乐相互依存的符号。

如果你的目光停留在右侧红色的背景上，会发现有如下的文案："无论你去喜马拉雅山脉，还是黄金海岸，在不毛之地和文明之源，如果你有发现美的眼睛，就会发现，可口可乐一直伴您左右。"这则广告实际上传递的是这个著名品牌的价值观——人文关怀和现代化法则，同时也传递了生命的活力和激情。

幽默的情境，一直是广告的不二法门。可口可乐有这样一

则广告：阳光和棕榈树围绕着蔚蓝的大海和洁白的沙滩，一切都是中产阶级幸福生活的场景。一个神情放松的年轻人，在畅饮冰镇可口可乐。这时，一个憨态可掬的企鹅偷偷躲在人的后面，看着眼前这个人畅饮可乐，一会儿，乘人不备，偷来可乐自己独享。而那位丢了可乐的年轻人则满腹狐疑："我的可乐哪儿去了？"

生活在南极寒带的企鹅，竟然出现在赤日炎炎的海滩之上，本身就是个荒诞的情境。但是也有合理之处，因为大海是相通的。而且企鹅也通过偷喝冰镇可口可乐的方式，重温家乡的感觉。这样就使得剧情可信度大大增加。在一种极热的环境下，只有可口可乐才会使得企鹅有回归自然和清凉世界的感觉。

如果说荒野中驿站的广告，采用的是延伸象征意义的方法的话，这则广告采用的就是相似联想的方法。如果大众看了这则广告，会不知不觉地将个人的体验，投射到这只人格化的企鹅身上。会不由自主地将企鹅心中灼热的心理，和人类生活中的心理加以对应。可口可乐的激爽感觉会传遍全身。

可口可乐的广告都是在生活的细节中，发现美的真谛。

比如，生活中司空见惯的消防栓，本来和可口可乐没有丝毫的关系，但是可口可乐公司广告部的文案发现，这个社区中常见的物件和可口可乐之间至少有三点相似之处。首先是二者都是以红色为主色调，代表着热烈和活力；其次，消防栓和可口可乐都属于日常最普通的物体，二者都代表着大众的普遍选择；最后，消防栓的功能是消除火灾，降低温度，而可口可乐也具备这样的特点。所以马路上随处可见的消防栓成为了可口可乐广告的中心意象。

这个绝妙的创意，使得消火栓和可口可乐之间找到了一种联系，可口可乐的广告将消防栓的两个出口加上了具有可口可乐标记的瓶盖。这样，大众在日常生活中随处可见的寻常事物，成了可口可乐免费广告最大的阵地。

第四节　商场与赛场

可口可乐奥运营销故事已经成为体育营销的典范，写进了诸多商学院的经典案例。

饮料和体育，似乎是两个相连的文化符号，作为奥运营销的开创者，可口可乐公司创造了一个记录，连续一百年赞助奥运会。

奥运会不仅是一个众人狂欢的大舞台，更是展现独特个性的大平台。可口可乐利用奥运会的杠杆作用，通过五湖四海的观众和运动员，将自己的影响传遍世界。

1928年，阿姆斯特丹奥运会时，商业营销还是很罕见的事物，可口可乐敏锐地抓住了这个机会，仅仅用1000箱可乐的

代价，免费获得了市场的准入门槛，要知道，现在的奥运广告投入，动辄就是几亿美元。与今天激烈竞争的商业广告宣传相比，当年的代价简直可以忽略不计。可口可乐奥运营销故事已经成为体育营销的典范，写进了诸多商学院的经典案例。

1996年，奥林匹克回到可口可乐的家乡亚特兰大市，可口可乐当然不愿意放弃这次在家乡展现自己的好机会。

可口可乐总公司的销售策略很简单，就是让可口可乐红色飘带的标志做到无处不在。这种全方位出击的策略需要大笔的财政支持。可口可乐公司将全年市场营销额的近一半，大约6亿美元投入到这场广告大战之中。

可口可乐公司投入巨资，制作了厚达50页的奥运宣传手册，在奥运入场券销售点投放了近4000万份。每一个购买奥运门票的观众，都得到了带有可口可乐标志的宣传册。电视转播奥运圣火传递活动的时候，可口可乐的隐形广告也无处不在，传递过程中，志愿者的T恤，帽子和水杯等，可口可乐的符号无处不在，可口可乐的标志也随着圣火传递的活动，传遍世界。

可口可乐公司推出"可口可乐瓶——奥运对民俗艺术的礼赞"，揭开了奥运宣传活动的序幕。在亚特兰大市奥林匹克公园，仿佛成了浓缩的可口可乐世界，这里有奥运知识竞猜、有奖问答，奖品是成箱的可口可乐。如果能回答出可口可乐的历史问题，也能得到可口可乐的赠饮。

可口可乐公司制作了70多份精美的宣传广告，当人们在欣赏奥林匹克运动会精彩比赛的时候，当人们在观看比赛电视转播的时候，都能看到可口可乐的标志，整个奥林匹克赛场，几乎成了红色的海洋。

第五节　蝌蚪啃蜡

深厚的文化底蕴能够赋予企业产品一个响亮的名称，为产品的发展带来更深远的影响。

彭伯顿的合伙人罗宾逊，是一位精明的推销家，他从糖浆的两种成分，激发出命名的灵感。这两种成分就是古柯Coca的叶子和可乐Kola的果实。罗宾逊觉得C和K放在一起显得不好看，因为罗宾逊同时还是一个古典书法爱好者，他为了整齐划一，将Kola的K改为C，然后在两个字的中间加上一个小横画，就这样，Coca-Cola作为一个著名商标便诞生了。

可口可乐在上个世纪20年代进入中国市场，令可口可乐公司高层不理解的是，在美国市场无往而不利的可口可乐，在中国却折戟沉沙，销量一直裹足不前。后来经过市场调研，才发现可口可乐在中国并没有正式的中文名称，而民间将这种奇怪的黑色饮料命名为"蝌蚪啃蜡"，这个不知所云的译名，不仅

不能让人产生畅饮可口可乐的欲望，反倒对产品的销售有着负面的影响。

可口可乐公司决定在全球范围内征集可口可乐的中文译名。征集半年多的结果并不令人满意，直到有一天，身在英国的上海学者蒋彝从朋友处得知了消息，就抱着试试看的心情向可口可乐公司投稿，他根据Coca-Cola的音译，将之翻译为"可口可乐"。

中国古典文学中，将翻译和做学问的境界分为"信、达、雅"。也就是真实、通达、雅致。可口可乐的中文译名，后来被认为是世界上最完美的中文译名，因为这个译名一方面指出可口可乐的口味是爽口，饮用之后的效果是心情愉快。蒋彝的中文译名被可口可乐公司选中，奖金是350英镑。

蒋彝教授用这笔奖金，回到上海买了一栋房子。可口可乐可以说做了一笔最划算的买卖，用几百美元，迅速地打开了中国市场，换回了每年几十亿美元的营销额。

可口可乐四个字，朗朗上口，又好听好记。可口可乐公司如虎添翼，成长为世界上最大的饮料公司。

Coca Cola

第七章　不一样的可口可乐

Coca Cola

第一节 北极熊与可乐

> 一个充满了人性真善美的独树一帜的广告宣传片，使北极熊成了可口可乐的重要标志。

可口可乐公司，一直在寻找一个形象代言人，后来，广告部的策划者聘请了约翰·斯蒂文森作为公司形象片的导演。

可口可乐公司高层认为，做一个广告性质的动画片，可能会引起消费者的反感，不如以润物细无声的方式，寻找一个动物形象代言人，以惊险曲折的故事情节来吸引大众的目光。

经过多次商议，认为北极的代表动物北极熊能代表可口可乐的形象气质。因为北极意味着冰爽寒冷，和可口可乐的饮料诉求达成了一致，北极熊憨态可掬，而且外表洁白干净，会赢得大众的喜爱。

约翰·斯蒂文森是好莱坞炙手可热的新锐导演，2008年凭借一部《功夫熊猫》让全世界的人认识了这个中国国宝——熊猫，约翰·斯蒂文森也在中国观众心目中留下了深刻的印象。另外，他导演的科幻作品《银翼杀手》与《异形》都已被奉为银幕经典，成为崇拜者眼中顶礼膜拜的里程碑式作品。

和创造世界名牌的人

一起放飞梦想

Let the dream fly

　　约翰·斯蒂文森带着自己的创意团队进行了艰苦的创作，半年后，可口可乐的新动画广告《北极熊家族的故事》强势登场。这是一部重量级制作的动画微电影，讲述的是北极熊家族的故事。

　　细心的观众不难发现，本片在故事架构上向诸多经典动画片致敬，比如，情节框架具有迪斯尼经典动画长片《狮子王》的风范，讲述的是一个小北极熊成长的故事，这个故事里充满了人性的真善美，以及关于大爱的忠诚与背叛。只不过在这个小短片里，小狮子王变成了北极熊王。

　　《狮子王》表现的是草原的广袤风光，北极熊驰骋的背景是北极的冰天雪地，诸多小熊活泼淘气，在冰雪中显得更加憨厚可爱，富于生命的活力。

　　纵观整部动画微视频，描述了北极熊一家的精彩旅程，并且拓展了北极熊一家的故事，以及他们各自的性格特征。作为一部广告片，本片可以说是独具一格。除了可口可乐经典的LOGO之外，完全看不到有商业广告宣传的痕迹。文案中也没有提及可口可乐的品牌名称。从这一点来说，这部动画微电影倒像是一部青春励志的童话，而可口可乐只是在动画微电影之前做了一个电影贴片广告。

　　从此，那些可爱的北极熊已经成为了可口可乐的重要标志。

第二节　圣诞老人与可口可乐

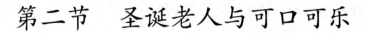

一旦一个人的童年时期养成了一种消费习惯，就会形成终身的忠诚度。等到他们有了消费能力的时候，就会将这种习惯传递给他们的后代。

在荷兰人的传说中，圣诞老人的原型是一个名叫尼古拉斯的主教。他身穿红色的棉服，骑着白马，手里拿着一本厚厚的大书，书中记载了小孩子在过去一年中的表现，如果是表现好的孩子，尼古拉斯就会送给他们礼物，如果表现不佳，圣诞老人就带这些孩子去遥远的北极，一年后再送回来。

17世纪，荷兰人来到北美开拓殖民地，将尼古拉斯形象也带到美国，不过入乡随俗，结合北美的气候，将圣诞老人的造型修订为坐着驯鹿拉着雪橇的和蔼老人。1773年，美国著名作家华盛顿·欧文向美国人完整地介绍了圣诞老人形象，在他的笔下，圣诞老人是一个又矮又胖的快乐的老精灵，他在圣诞前夜，快乐地驾驶着雪橇，从烟囱中爬进屋子里，留下了给孩子的各种玩具和小零食，然后吃掉孩子们睡前为他留下的各种食物。除了圣诞前夜，圣诞老人其他的时间都在记录和监督孩子们的言行，更重要的工作是制作分派给孩子们的精美礼物。

但是这个圣诞老人，只是出现在语言文字中的形象，虽然生动有趣，但是面目模糊。使得圣诞老人第一次形象地出现在世人面前的，是可口可乐公司的广告部。

但是我要说你熟悉的这个圣诞老人是可口可乐打了80多年的广告，你能相信吗?

1931年，可口可乐公司的广告部，委托瑞典设计师桑德·柏罗木设计一位圣诞老人形象，要求是为可口可乐做一次隐形广告，能够体现可口可乐产品的设计元素。

圣诞老人先前的形象存在于各民族的传说之中，据说是个瘦高个儿的老头，穿着粗糙的兽皮。而桑德·柏罗木设计的圣诞老人，胖乎乎地发出慈祥的微笑，腰间系着粗腰带，脚上穿着黑色皮靴，衣服的颜色是可口可乐代表性的颜色——红色。在可口可乐广告部的策划中，圣诞老人将给孩子的礼物装到床头的袜子里面，或者挂在床边的圣诞树上。

可口可乐的目标客户，是少年和儿童，最重要的设计需求是培养大众消费饮料的习惯。一旦一个人的童年时期养成了一种消费习惯，就会形成终身的忠诚度。等到他们有了消费能力的时候，就会将这种习惯传递给他们的后代，这就是可口可乐公司一直梦想达到的广告效应。

每到圣诞节的时候，可口可乐公司就会生产一种特别版的饮料，瓶身上画着憨态可掬的圣诞老人形象，两种红色相映成趣。可以说，圣诞老人和可口可乐是最佳拍档，无形中合作了

80多年。我们在接受圣诞老人的同时，也接受了拆开圣诞礼物之后畅饮可口可乐的习俗。

除了在瓶身上创造圣诞老人形象之外，可口可乐公司的广告宣传也是无孔不入。在经济大萧条时代，人们的各项开支都有些捉襟见肘。可口可乐公司认为这是扩大自己影响的好机会，于是，可口可乐公司免费向学校提供各种精美的文具，前提只有一个，要求在这些文具上印上可口可乐的LOGO。

在二战期间，可口可乐公司得到了迅猛的发展，成为二战战场上的宠儿。很多人觉得很奇怪，为什么可口可乐能迅速地成为年轻战士的生活必需品。原因很简单，因为几年前可口可乐公司已经做好了功课，这些平时用着可口可乐笔记本和铅笔的孩子，自然而然地将可口可乐视为宣泄乡愁的最好寄托物。

可口可乐公司的宣传策略，最大的优势是目标人群定位精准，而且将人的童年成长和古老的传说结合起来。童年的梦想是人生中的最初记忆，这种记忆会代代相传，形成一种集体无意识的本能的消费习惯，这可谓是广告宣传的最高境界。

第三节　股神的选择

> 要想获得财富，就一定要做出选择，选
> 择的主要依据是你是否喜欢这个公司，是否
> 了解这个公司。

股神巴菲特将投资可口可乐公司视为自己一生中的重大事业选择。巴菲特6岁时就开始了他的经商生涯，他发现可口可乐是个不错的商品，质量上乘，而且价格亲民。但是他惊讶地发现，自己的投资并没有得到回报，比如他用25美分从他祖父的"巴菲特父子杂货店"买了6瓶可口可乐，可是过了两天也没有卖出一瓶。

经过仔细观察和用心思考，巴菲特终于明白了其中的奥秘，可口可乐的包装过大，而大家并不需要大瓶可乐，他们需要的是小瓶可乐带来的短暂性刺激。于是巴菲特将大瓶可乐分拆成小瓶，然后在邻里间以每瓶5美分的价格出售，就这样，巴菲特赚取了人生的第一桶金，正式走上了商业之路。

多年来，真正让巴菲特眼前一亮并对可口可乐感兴趣的是可口可乐这一世界最响亮的品牌名称。值得称道的是，在可口可乐公司的资产负债表上，可口可乐的品牌价值未做任何记

录，这在世界大品牌中是十分罕见的。巴菲特将可口可乐公司的优势总结为两点：一是它拥有国际性的灌装公司，二是它将自己的产品推向了全球，拥有无可比拟的宣传优势。可口可乐公司主导着美国的软饮料市场，并且是诸多大型快餐连锁店的首选供应商，如麦当劳、温迪、伯格金、披萨店及许多快餐馆。可以说，哪里有麦当劳，哪里就有可口可乐。世界最大的快餐连锁机构麦当劳是可口可乐最大的顾客。另外，德尔塔航空公司、大陆航空公司、美国航空公司以及特兰航空公司都提供可口可乐这种饮料。可口可乐将世界的各个角落都画上了自己的LOGO。

一次，在财富论坛上，巴菲特对着台下一千多名听众说："人的一生中，能有一次寻觅财富的机会就是最难得的，我是幸运的，遇到了可口可乐这样一个伟大的公司。这是世界上最有影响力的品牌，重要的是，它是世界上为数不多的必需品，因为你总要喝水，而且可乐的价格十分亲民，它的价值是长远而持久的。"

"可口可乐说到底就是糖加上水，那么它的价值到底体现在哪里呢？既然你要求公司的最大价值是财富的标杆。"有人向巴菲特提问。

"可口可乐公司的文化核心，就是创造一种本能的条件反射，我们知道，本能是人类的自然属性，人类的本能无非食欲和情欲，弗洛伊德发现了情欲的秘密，而可口可乐发现了食欲的本能，它的业务就是创造并维持条件反射。"巴菲特肯定地

说。巴菲特的讲话无疑说出了可口可乐企业文化的核心价值，因为可乐说到底是一种食物，不仅寻常可见，而且还有诸多副作用，比如腐蚀牙齿等。但是可口可乐的伟大之处在于，将这种先天不足的食物宣传为一种必需享用的现代化食物。饮用这种饮料，人们仿佛拥有了现代人的特质——自信、自然。

1989年3月，巴菲特开始大量购买可口可乐股票。可口可乐公司自身也回购股份，因此，市场上就有两家大的可口可乐股票买主。巴菲特对可口可乐公司的首次投资，就达到10.2392亿美元。用这笔钱，他购买了可口可乐公司2335万股股份，经过四次拆分股票，这一数字又经过在1996年的2:1比例分股，已经达到2亿股份。

1989年3月16日，在巴菲特的伯克希尔公司宣布投资可口可乐公司的第二天，巴菲特告诉《华尔街日报》记者迈克尔·麦卡锡："我平时总是告诉大家如何赚钱，都是理论上的讲授，现在我购买可口可乐公司的股份，是将理论付诸行动的最好表现。"

迈克尔·麦卡锡询问这个股神："那您能告诉我，为何偏要选择这样一个大众企业呢？"

巴菲特告诉他："要想获得财富，就一定要做出选择，选择的主要依据是你是否喜欢这个公司，是否了解这个公司。可口可乐公司正是我所喜欢的那种公司，我喜欢我能理解的产品，所以我选择了可口可乐，相反，对不了解的领域我就要保持缄默，比如说，我就不知道什么是晶体管。"他又进一步说：

"越是喜欢的公司,我就越对他们的决策感兴趣,近年来,我对他们高层的管理决策以及战略重点越来越了如指掌。"

事实上,华尔街的分析师们将巴菲特的购买行为看作是为了躲避全球性的经济衰退。迈克尔·麦卡锡也将这个难题抛给了巴菲特。面对这样的质疑,巴菲特回答:"这不是我的本意,不信我们打个赌,从现在开始到我们卖出可口可乐股票这段时期,可能还会有10次经济衰退。我们最喜爱的股票的持股期限是多少?告诉你个期限——永远持有。"

巴菲特不仅将可乐作为财富投资的手段,在现实生活中,他也是个不折不扣的可乐狂人。他不仅投资可口可乐公司的股票,而且一生终爱可乐的味道。巴菲特曾在1988年夏天购买可口可乐股票的时候说:"我的眼球与大脑相连,我的舌头也和大脑相连,所以,可口可乐和我永远在一起,因为离开了它,我的大脑就会停止思考。"

第四节　上帝的礼物

　　　　　　我们在紧张地活着,所以,从容地改变,才会获得成功。

可口可乐公司广告的信条就是——产品要无处不在。

要使产品伸手可及，使它无处不在，要使它在舞厅、理发店、办公室、火车上等地方可随时取用。早期的可乐推销员哈瑞逊·仲斯在1923年曾说过，"要让人们无法回避可口可乐"。

推销一件产品，需要很多精明的手段。比如说，掌握推销的时间、地点以及如何宣传产品，是决定一个产品是否能畅销的主要因素。1911年，可口可乐公司展开了一场特殊的广告宣传战，他们利用艺术家的涂鸦艺术，雇请画师在美国各地的白墙上宣传它那红底白字的产品标志，将之变形为各种卡通图案，后来，其覆盖面积达500多万平方英尺。

可口可乐的广告大战除了运用视觉艺术之外，还充分利用了消费者的心理，到1913年，公司散发了上亿件带有可口可乐标志的小礼物，这一主意的好处是，将可口可乐和人们的日常生活紧密地联系在一起，于是，在日常使用的温度计、日历、报刊栏、记事本、牛奶箱、扇子和帽子等物品上，随处都可以见到可口可乐的标志，这种日常的反复刺激，达到了良好的效果，给人们留下极深的印象。据一位可口可乐推销员说，有位顾客向他倾诉，因为白天看到可口可乐的标志太多，导致夜晚的梦境也和可口可乐相联系，比如自己就经常做噩梦，梦见一个白色魔鬼手持一瓶可口可乐在追赶他，一边追赶还口里念念有词，喊着可口可乐，这位顾客开玩笑地说："连魔鬼都讨厌你们的广告。"

这位顾客也许想不到，这种梦境的代价是，可口可乐公司每年的广告费用达到上亿美元。

除了善于在日常生活中不断地向大众灌输可口可乐的影响之外，公司还善于利用名人效应，可口可乐公司一开始就聘请名人做广告，希望消费者能像广告中明星宣传的那样，选择可口可乐，选择开心的生活。根据从众心理，大众在笑容可掬的影星和歌星的画像前，往往接受了可口可乐广告的潜台词——喝了可口可乐，会使一切变得更好。

然而，过分依赖名人效应也有危险。因为有一部分大众记住的是明星，而不是产品，所以广告中还应该注意吸引普通人的欲望。从20世纪50年代开始，可口可乐公司就制作出一种万能的、适用于各种文化背景的模型广告。这些广告词只需修改一点或无需修改就能在各种文化背景中应用。怎样才能做到这一点呢？可口可乐广告词具有普遍的魅力，提炼出人性中积极的四个词汇，喝了可口可乐你会变得自信、欢乐、性感、年轻。其中，体育和音乐是人类最普通而流行的语言。

能读懂这些语言的受众人群主要是年轻人，因此可口可乐公司将产品主要定位于充满活力的年轻人群。犹太人认为女人和孩子的钱是最好赚的，可口可乐认为年轻人的钱是最好赚的，因为他们总是提出各种叛逆的主张。

1894年，可口可乐的明信片上别出心裁，上面印着三个身穿海军衫的小男孩，一边蹦蹦跳跳，一边口里叫着："我们要喝可口可乐。"这样的宣传模式引起了大众的狂热追捧，不过在1911年，可口可乐公司遭到政府的起诉，其部分原因是可口

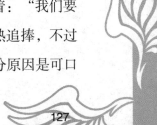

可乐中含有咖啡因成分，可能使儿童成瘾。从那以后，公司撤销了所有对12岁以下儿童所做的广告。但是在传统与变革之间要做出选择的时候，可口可乐所暴露的弱点就是不愿意改变现状。直到1903年，公司才去掉饮料中的可卡因成分。

这并不意味着可口可乐公司放弃了青少年和儿童市场，他们处心积虑地推出了各种免费文具广告，在大批量派发的免费赠品中，可口可乐公司将自己的商标印制在文具盒和三角尺铅笔上面，还利用美国人最钟爱的圣诞老人形象，派发礼物，给人的印象是，可口可乐不仅是一瓶汽水，而且是上帝精心选择的礼物。所以，那年的广告词就是——可口可乐，上帝选择的礼物。

伍德鲁夫总爱说，"世界属于奋发进取的人"。但是伍德鲁夫却代表着一种保守文化，他强烈反对大瓶装可口可乐，推迟推出新口味，反对使用摇滚乐和电子音乐做广告，更拒绝提高产品的零售价格。直到20世纪80年代，新总裁罗伯特·戈伊祖塔才决心刺激一下这个保守的公司，他尝试着推出各种新口味的可乐。1985年当他研制新配方遇到困难时，又灵活地采用了原来的配方，从而避免了一场灾难。戈伊祖塔对可口可乐广告的评价是："我们在紧张地活着，所以，从容地改变，才会获得成功。"

Coca Cola

第八章　它不仅仅是一瓶水

Coca Cola

第一节　大瓶法则

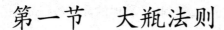

一两次把握机会精准的反击也能够迅速扩大企业实力，跻身成为行业龙头最强大的竞争对手。

在百事可乐和可口可乐的双雄争斗中，百事可乐一直处于守势，但可口可乐也不是一直处在巅峰位置，历史上，百事可乐曾经两次逆袭成功，在公关策略上战胜可口可乐。

第一次是在1939年。在此之前的几十年，百事可乐公司和美国其他的几百家可乐公司一样，奉可口可乐为学习的榜样，一直想从营销策略和产品口味上超越可口可乐，但一直未能如愿，可口可乐公司一直牢牢地占据碳酸饮料龙头老大的位置，将百事可乐等后来者视为可耻的模仿者和跟风派。公司上下根本没有将百事可乐放在眼里，百事可乐公司甚至有三次主动请求可口可乐公司收购，其中一次出的收购价格仅仅是5万美元，但是都被可口可乐公司高傲地拒绝了。

直到1939年，百事可乐改变了营销策略，从跟随战术转变为主动出击。他们一直想从可口可乐公司的强势根源上入手，试图找到突破口。

百事可乐发现，可口可乐从口味上讲已经无懈可击，倒不是说可口可乐做得多完美，而是饮料市场讲究的是文化传承，虽然百事可乐的诞生仅仅比可口可乐晚了几年，但是消费者从内心深处认定可口可乐才是正宗的口味，其他的都是仿冒品。

百事可乐只能另辟蹊径，从产品的外部入手。公关部发现可口可乐的强势之处在于产品和包装结合得非常紧密，甚至到了二者合一的程度。一看到6.5盎司的可口可乐经典包装，就认定这是可口可乐的产品，产品的辨识度非常高。这样的现状对百事可乐来说，既是挑战，又是机遇。

从反向思维讲，可口可乐无法从短时间内更换包装，于是百事可乐决定发动价格战，他们推出了12盎司的"双倍装"，价格却保持一瓶的价格不变。百事可乐将这次行动取名为"双胞胎"计划。

虽然百事可乐只投入了60万美元的广告宣传费，但是这次营销策略精准地针对消费者的心理，因为消费者对一个产品的忠诚度并没有那么高，他们的主要心理就是能用最小的代价，购买最好的产品。百事可乐抓住了消费者的心理，营销额扶摇直上，迅速地甩开了其他的竞争者，牢牢地占据了饮料市场老二的位置，直接威胁到了可口可乐的地位，等到可口可乐公司发现百事可乐是自己最大的竞争对手的时候，百事可乐已经羽翼丰满，再也不是那个求可口可乐收购的小公司了。可口可乐错过了三次机会，培养了一个一生的竞争对手。

当然，百事可乐的成功也有侥幸成分，因为当时可口可乐公司有些轻敌，根本没有把百事可乐放在眼里，如果当年可口可乐公司采用跟进策略，也推出大瓶装可乐，会很快击溃百事可乐的低价策略。

现今百事可乐已经成为仅次于可口可乐的第二大饮料公司，但是他们从未停止过试图超越第一名的努力。世界上，第二名的位置很尴尬，在消费者心中，他们似乎永远差一点。所以百事可乐公司上下一直憋着一口气，决心用草根的逆袭精神，"舍得一身剐，要把皇帝拉下马"。真正让百事可乐名垂青史的一次"战役"是在1961年。百事可乐公司终于找到了这个行业强势领导者的真正弱点。

可口可乐公司以可乐的发明者、缔造者自居，认定自己的产品才是最正宗、最经典的可乐。百事可乐公司顺势出击，将自己定位为"年轻人可乐"，特点是年轻、激情、活力。而在宣传策略上将可口可乐定位为传统、老土、落伍的可乐，代表着一种堕落的老年文化。

这次战略定位是一次独一无二的绝杀，因为"双胞胎计划"的大瓶策略不过是一个低端的跟进，可口可乐完全可以复制，可以利用自身的实力进行打压，而这一次百事可乐的文化定位却是无形的，因为文化精神无孔不入，是永远无法复制和封杀的。

这是百事可乐发展史上的历史性转折点，自从百事确立了"年轻人可乐"的定位，百事可乐的文化定位清晰明了，简洁有力。比如它的口味偏甜，更适合年轻人的口味；百事可乐的

销售渠道集中在超市，以及年轻人活动的酒吧、舞厅；百事可乐的形象代言人起用了年轻人的偶像，如迈克尔·杰克逊等摇滚巨星，百事可乐迅速地成为年轻叛逆的代言人。

通过一系列的精心运营，百事可乐的市场份额逐年上升，到了1985年，百事可乐有史以来第一次超过了可口可乐。

第二节　草根逆袭

> 开拓思维、剑走偏锋，在对手铺天盖地的宣传中，以突出的形象设计，赢得胜利，终令对手黯然失色。

可口可乐公司的全球营销策略，取得了丰硕的成果，但是在2010年上海世博会的舞台上，可口可乐公司被他的竞争对手百事可乐公司逆袭成功。

2007年末，可口可乐成为上海世博会的全球合作伙伴，这无疑是一场营销战略的胜利，因为中国市场是全球增长最快的饮料市场，那么世博会无疑是展示产品魅力的擂台和桥头堡，可口可乐公司拿下了独家赞助权，是一次营销的重大胜利，在这场只能赢不能输的竞争中，取得了全面胜利。但是正当可口可乐公司开香槟庆祝的时候，他的竞争对手百事可乐公司正酝酿着一场"逆袭战"。

百事可乐公司日前召开盛大的记者会，会上，百事可乐公司总裁宣布了一条重磅消息，公司已经和美国世博会展馆签订合作协议，将以美国展馆最高赞助商的身份，全面参与美国展馆的基建建设和展馆布置，同时，作为美国展馆的唯一饮料提供商，百事公司拥有排他性权益，通俗的解释是，可口可乐公司想进美国展馆，没门！而百事可乐公司所付出的代价仅仅是区区的500万美元。

而可口可乐公司已经为世博会投入巨资，将全年广告营销的近1/6——近5亿美元，投向了上海世博会。这个庞大的投资计划，却因为百事可乐公司的剑走偏锋，而变得黯然失色。

这样，在上海世博会就出现了一个有趣的场面：整个园区的饮料区，都是红色的海洋，而在规模庞大的美国馆内，却是一派蓝色的清凉世界。百事可乐公司的隐性营销，取得了巨大的成功，俗话说得好，万绿丛中一点红，百事可乐在可口可乐铺天盖地的宣传中，以突出的形象设计，赢了这场形象大战的胜利。

可口可乐公司也意识到了百事公司的竞争策略，并在第一时间向世博会提起申诉。但世博会管理部门无权过问美国展馆内部的事物。

可口可乐公司吃了哑巴亏，为此，公司的世博会营销负责人引咎辞职。

第三节　高峰和低谷

危机公关，方显企业品质。

戈伊祖塔去世后，伊维斯特接任总裁，历经了两年半的动荡期。

这其间，可口可乐公司经历了诸多磨难，在外国市场，可口可乐公司遭遇了两次重大的挫折，一是由于货币贬值，可口可乐的利润大幅下降，二是由于水质污染，可口可乐的产品质量遭到了大众的质疑。1999年6月，出于健康等因素的考虑，在卢森堡、法国以及荷兰销售的可口可乐产品被紧急召回。

这起重大的食品安全事件起源于比利时，一些幼儿园的儿童因为喝了可口可乐突然生病。可口可乐公司经过有关部门的调查，声称污染是由于二氧化碳超标所致。在比利时安特卫普市一家工厂所生产的瓶子里装的二氧化碳，以及在法国敦克尔克一家工厂里易拉罐外面的杀菌剂质量不合格。

最后，比利时一位权威人士总结说，疾病也可能是由于心理原因造成的，是由于年轻人吸入了不良的气味，他暗示这些年轻人在吸食一些违禁物质，这种结论显然并不能让消费者满意。很多欧洲人开始集会，并签署联名协议，要求共同抵制可口可乐公司的产品。

除了这些，可口可乐公司还遭遇了更多的打击，伊维斯特在位时还卷入了美国一宗种族歧视案，后来欲买断法国一家名为"欧兰吉娜"的饮料品牌，但却以失败告终，这些使得伊维斯特的名声一败涂地。

利润赤字最终导致了公司的大重组，可口可乐公司不得不开始史上最大规模的裁员计划，有近5000人离岗失业，在一些新兴饮料市场国家，如俄罗斯、印度和越南，可口可乐公司的业绩也大幅度下滑。

这时，战后的反美浪潮也阻碍了可口可乐的发展，在许多国家，可口可乐几乎就是美国的代名词，很多国家的激进人士将可口可乐视为美国文化的代表，可口可乐成为美国全球战略和霸权主义的替罪羊。

可口可乐公司的两位董事巴菲特和赫伯特·阿伦，于1999年12月1日在芝加哥召见伊维斯特，表明他们已经对伊维斯特的领导失去了信心，认为他并不能领导公司走向新的辉煌。伊维斯特回到亚特兰大后紧急召开了董事会，宣布辞职。

而在20世纪末，百年企业可口可乐公司的营业额，出现了前所未有的大滑坡，公司的业绩陷入了低谷。

古人云"千里之堤，溃于蚁穴"，1999年6月初，比利时和法国的一些中小学生饮用美国饮料可口可乐，发生了中毒。一周后，比利时政府颁布禁令，禁止本国销售可口可乐公司生产的各种品牌的饮料。

第八章　它不仅仅是一瓶水

已经拥有113年历史的可口可乐公司，遭受了历史上鲜见的重大危机。

在现代传媒十分发达的今天，企业发生的危机可以在很短的时间内迅速而广泛地传播，其负面的效应是可想而知的。短时间内在全国甚至全球范围的影响，必将引起社会和公众的极大关注。稍有不慎，就会对企业形象和品牌信誉造成毁灭性的打击，其无形资产会在顷刻之间贬值。这对企业的生存和发展，都是致命的打击。

1999年6月17日，可口可乐公司首席执行官依维斯特专程从美国赶到比利时首都布鲁塞尔，在这里举行记者招待会。当日，公关策略从细节就开始了，会场的每个座位上都摆放着一瓶可口可乐。

在回答记者的提问时，依维斯特这位刚上任两年的首席执行官反复强调：可口可乐公司尽管出现了不合时宜的事件，但仍然是一个负责任的大公司，会吸取经验教训，还要继续为消费者生产最棒的饮料。这种官方的宣言似乎并没有打动消费者的心，直接的后果是，绝大多数记者没有饮用那瓶赠送与会人员的可乐，以这种无声的方式，抗议可口可乐公司的傲慢和无礼。

后来可口可乐公司的宣传攻势说明，记者招待会只是他们危机公关工作的一个序幕。可口可乐公司也许注意到了自己解决问题的方式缺乏诚意，因而迅速地改变了公关策略。

记者招待会的第二天，也就是6月18日，依维斯特的名字便在比利时的各大主流报纸上出现——由他签名的《致消费者的一封公开信》中，依维斯特详细解释了事故的原因，信中还做出种种质量承诺，并真诚而正式地道歉。作为补偿，可口可乐公司提出要向比利时每户家庭赠送一瓶可乐，以表示可口可乐公司的歉意。

与此同时，可口可乐公司宣布，将比利时国内同期上市的可乐全部收回，尽快宣布调查化验结果，如果因为自己的员工操作不当造成了这次事故，一定会严惩肇事者，在一个特定的时间说明事故的影响范围，并向消费者赔偿。

可口可乐公司还表示要为所有中毒的顾客报销医疗费用。可口可乐其他地区的主管也迅速做出反应，如中国公司宣布旗下产品与比利时事件无关，市场销售正常，从而稳定了事故地区外的人心，控制了危机的蔓延，并澄清事实，让消费者安心饮用。

此外，可口可乐公司还设立了专线电话，并在网络上为比利时的消费者开设了专门网页，回答消费者提出的各种问题。俗话说，谣言止于智者。可口可乐的做法将事件的知情权交还给消费者。比如，这次事件因何引起，事故影响的范围有多大，如何鉴别新出厂的可乐，新可乐会不会还有污染，如何获得退赔等。在整个事件的过程中，可口可乐公司都牢牢地把握住信息的发布源，防止危机信息的错误扩散，将企业品牌的损失降低到最小的程度。

随着这一系列公关宣传的深入和扩展，可口可乐的形象开

始逐步地恢复。不久，比利时的一些居民陆续收到了可口可乐公司的赠券，上面写着："亲爱的先生女士，分别很久了，今天我们非常高兴地通知您，可口可乐又回到了您身边，我们希望您和昨天一样支持我们。"

孩子们拿着可口可乐公司发给每个家庭的赠券，高兴地从商场里领回免费的可乐，有的孩子兴奋地说："我高兴极了，我又可以喝可乐了。说句不好听的话，我可不可以再喝一杯免费的饮料。当然，这是句玩笑。"在商场里，可以见到人们在一箱箱地购买可乐，前些天被压抑的情感，完全释放出来了。

中毒事件平息下来，可口可乐重新出现在比利时和法国商店的货架上，依然畅销无比，供不应求。

从比利时第一例事故发生到事故真相的发布，仅10天时间，可口可乐公司的股票价格下跌了将近1/10。据不完全统计，可口可乐公司共收回了14亿瓶可乐，中毒事件造成的直接经济损失高达近亿美元。

比利时的一家著名报纸社论说，可口可乐虽然为此次危机付出了代价，却重新赢得了消费者的信任。可口可乐公司渡过了最困难的时刻，但得到的教训是深刻的，影响也是极为深远的。

可口可乐的主要竞争对手百事可乐，并没有幸灾乐祸，反倒是深刻反省，百事可乐欧洲总公司的总裁迈洛克斯，给所有的员工发出一封电子邮件。信中说道："我们不要幸灾乐祸，虽然这是一次严重的失误，我们不应将此次可口可乐事件视为一个可以利用的机会，大加讨伐。我们必须反省自身，我们必须引以为鉴，珍视企业与消费者之间的纽带，这是公司发展的无价之宝。"

企业管理学专家汤姆森认为，一般企业处理此类危机正确的做法大体有三个步骤：一是马上收回有缺陷的产品；二是召开新闻发布会，向消费者及时讲明事态发展情况；三是尽快地进行道歉，表达公司的诚意和歉意。以此对照，可以看出可口可乐公司做得有条不紊，唯一遗憾的是，这次道歉延迟了一个星期，而且是在比利时政府做出停售可口可乐的激进决定之后，可口可乐公司才认识到事件的严重性。

连比利时的卫生部长范登波士也抱怨说："可口可乐是全球享有盛誉的大公司，本应该有处理危机的预案，迅速地做出良性反应。但这次面对危机的反应如此之慢，实在令人难以理解。希望大家能够引以为戒。"

的确，错误永远无法掩饰，正确的做法永远只有一个——以真诚感化消费者。

第四节　可口可乐的"草船借箭"

商业战争谋略之道波诡云谲，可口可乐的赠饮营销，借力打力、顺水推舟，却能反败为胜，堪称市场营销的经典案例。

可口可乐公司的可口可乐品牌，是碳酸饮料市场的绝对霸主，占有了市场60%以上的份额，远远地将竞争对手百事可乐甩在了后面。但是饮料帝国的巨无霸可口可乐也有短板，它的橘子汁饮料"沃特"，销量远远不如百事旗下的橘子汁饮料品牌"激浪"。"激浪"自1964年推出以来，销量一直占据果汁饮料的龙头地位。

百事可乐的局部突围，引起了可口可乐公司的警醒。他们的生产策略是做饮料市场的航空母舰。于是可口可乐公司采取了跟随策略，针锋相对地开发了橘子汁饮料"沃特"。为了能赢得市场，"沃特"从包装的色调，到口味的相似度，都和"激浪"不相上下。而且可口可乐还大打价格战，每瓶定价比"激浪"少10美分。

按照常理，可口可乐的市场营销计划做得无懈可击，但是市场反应却大大出乎可口可乐最高决策层的预料，超市里"沃

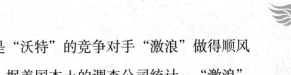

特"鲜有人问津，倒是"沃特"的竞争对手"激浪"做得顺风顺水，大受市场好评，据美国本土的调查公司统计，"激浪"的市场占有率领先"沃特"近80个百分点。

2010年初，可口可乐总部辞退了前任市场营销经理，任命克鲁尼·乔森为市场部总经理。克鲁尼·乔森从上任伊始，就决心扭转"沃特"屡败屡战的局面，因为这样的惨败有损于公司的总体形象，会让竞争对手获得巨额利润的同时，在广告宣传上做足文章。

克鲁尼·乔森做出了一条看起来不合常理的赠饮活动，这一"自杀式"的赠饮活动可以说前不见古人，后不见来者，不仅本公司的员工一致反对，就连竞争对手百事公司的员工也觉得不可理喻。克鲁尼·乔森在美国各大平面媒体和电子媒体上做了一个文字广告：从即日起，凡是购买"激浪"的顾客，都可以同时获得一份"沃特"饮料，买多少就赠送多少。这一赠饮活动覆盖范围为全美的零售机构。

随着活动的开展，克鲁尼·乔森也面临着来自各方的非议和不解。

"为什么要买'激浪'，送我们的'沃特'，这不是市场营销，分明是自贬身价，为他人做嫁衣啊！"激进的员工如此抱怨。

稍微理性的员工也心存不满："要是开展赠饮活动，完全可以买'沃特'的时候，买一赠一啊，为什么要为竞争对手做广告？这不是变相承认自己只不过是无足轻重的赠饮吗？"

当然，更多的员工对克鲁尼·乔森的做法表示强烈愤慨，认为他不过是一个毫无市场营销经验的傻瓜，甚至有人怀疑他是竞争对手派来的商业间谍。就连老谋深算的百事可乐CEO卢英德也心存疑虑，一方面认为天下没有免费的午餐，可口可乐公司的宣传手段一定有别的深意；另一方面，看到自己公司旗下的产品如此热销，又实在想不出可口可乐公司的目的到底是什么。

卢英德的顾虑终于在一个月以后应验了，因为市场的份额发生了变化，很多顾客，尤其是崇尚自由和自我精神的青少年消费者，在免费品尝了"沃特"饮料的同时，不自觉地将之与"激浪"加以比较。发现这瓶赠饮的口味也是不错的。青年人的叛逆心态，使得他们不屑于喝寻常的产品，"激浪"不过是庸常的人喝的日常饮料，要想更酷，"沃特"倒是个不错的选择。

这时，可口可乐公司宣布停止免费赠饮的活动。卢英德发现"沃特"的市场份额急速飙升，半年以后，培育了消费者口味的"沃特"已经占据了橘子汁饮料市场的绝大部分份额，将"激浪"的市场份额压缩到了不到10个百分点。

面对市场份额的逆转，很多人百思不得其解，这样一次白痴一样的营销活动，竟然起到了妙手回春的作用，先前的短板，变成了可口可乐公司生产销售的新的增长点。

面对大家的质疑和祝福，克鲁尼·乔森始终胸有成竹，他信奉每临大事有静气的格言，他在庆功宴上解释道："我做事要先做一些调研，经过市场调查，我发现'沃特'所缺乏的，并不是口味和质量，它和竞争对手之间，品质毫无差别，那么它失败的原因只有一个，就是消费者的消费有些心理惰性，他们往往有一种恋旧心理，毕竟'激浪'品牌已经有近50年的历史，我们的'沃特'只有区区5年的历史，所以我利用了反向心理，利用赠饮将激浪品牌过度消费，使得消费者形成一种消费的心理疲劳。这样，忽然停止赠饮，就使得大家认可了我们的'沃特'品牌，成为新时代自由和酷文化的代表。"

员工们这才恍然大悟，纷纷表示敬佩克鲁尼·乔森的高瞻远瞩。

克鲁尼·乔森摆了摆手说道："'买激浪送沃特'的赠饮活动，表面上看是一次自杀式的营销，甚至有可能被认为毫无营销常识，其实，这个世界上最伟大的东西，并不是坚硬的金银铜铁，而是朴实无华的水流，水至阴至柔，却能形成无比强大的力量。因为它无形，才能达到有形，所以商业营销也是如此，我们要推出市场知名度不高的'沃特'品牌，就要借船出海，利用'激浪'较高的市场认知度，以此来'顺水推舟'。"

商业战争谋略之道波诡云谲，可口可乐的赠饮营销，借力打力、顺水推舟，却能反败为胜，堪称市场营销的经典案例。

Coca Cola

第九章　　把文化灌进瓶子里

Coca Cola

第一节　配方的秘密

> 传奇故事营销策略会挑起一代又一代人的好奇心，大家会像猜谜和寻宝一样，猜测秘闻的真相。

最近，网上流传着一则消息，有人根据网上流传的一则难辨真伪的可口可乐配方，竟然真的调制出一份可乐，据说口感和真正的可口可乐相差无几。人们纷纷展开了讨论，可口可乐宣传的独一无二的配方，到底存不存在？是一种真实存在的创业历史，还是一种高超的营销手段？

作为可口可乐公司的最高机密，据说它的配方被锁在亚特兰大市银行地下室的保险柜里，保安十分严密，要想打开这个保险柜，见到配方的庐山真面目，只有三个人同时在场，才能取出可口可乐的配方，这三个人分别是可口可乐公司董事长、亚特兰大市的现任市长、可口可乐的指定继承人，缺少一个人都不能打开。

据传闻，掌握配方的三个人，并不是掌握所有的配方，而是分别掌握了可口可乐配方的1/3。他们分别签署了保密协议，摁着圣经起誓，如果泄露，除了会受到上帝的惩罚之外，

还要负法律责任。除此之外，还有一条特殊的规定，三个人外出的时候，不能同时乘坐一个交通工具，以防出现意外，而导致配方失传。

即使在如此严密的安保条件下，在2006年竟然发生了一件盗窃案。据说可口可乐公司内部的一名工作人员，盗窃了可口可乐配方，很快，案件就告破了，这件引起世人关注的案件，大家的反应是，这就是个无厘头式的噱头，如此安保条件下，一个人能轻易地盗取配方吗？这也许就是可口可乐引起世人关注的营销策略罢了。

有公关专家指出，这种营销策略的高明之处在于，将可口可乐的配方秘闻渲染到了极致，更激发了世人对配方秘闻的好奇心。

其实，这已经不是可口可乐公司第一次使用神秘营销策略了。在1979年，可口可乐公司获得了一个跨时代的机遇，被获准在中国出售瓶装可乐，这被视为中国融入世界经济潮流的一个象征。

但是，当时可口可乐公司被允许经营的范围，只限于一个使用外汇券的涉外饭店和商店。大众对这种魔水并不了解。这时候，为了扩大可口可乐的影响，公司采用了神秘渲染的策略。它利用改革开放初期，中国大众对西方事物不了解的特点，在坊间散步可口可乐的神秘配方，以及对这种配方的严密安保。这种营销广告不同于传统的媒介广告，受众是充满好奇心的中国民众，可口可乐公司并没有介绍产品的口感和营养成分，只是向大众讲述了一个关于配方的传奇故事，正迎合了中国大众急于了解世界文化的心理，也符合满足大众好奇心的需求。

中国人对可口可乐的感情也从猎奇转向了以饮用可口可乐为时尚，这样的循环，又刺激了配方传奇的传播，于是，没过几年，可口可乐就成为中国碳酸饮料行业的翘楚。

我们可以看出，可口可乐在中国的成功，依靠的不仅仅是独特的口感，更重要的是讲述了一个关于配方的传奇。我们知道，一种饮料的成功，主要是源自于饮料的口感和营养，但是，时间一久，受众难免会产生审美疲劳。而传奇故事的营销策略，却会挑起一代又一代人的好奇心，大家都像猜谜和寻宝一样，猜测可口可乐的配方秘闻。

坦率地说，可乐的口感大同小异，可口可乐长盛不衰的秘诀，恐怕就在于这个关于配方的悬疑故事。至于这家世界最大的饮料公司究竟有没有神奇的配方，这个真相，恐怕只有天知道了。

第二节　精诚所至，金石为开

> 执着的精神有时候可以使企业实现他们
> 的每一个梦想。

可口可乐作为全球性饮料，在上个世纪70年代已经非常有影响，可是可口可乐公司却不满足于现状，他们要做的就是把视野放得更宽，要做就要做到最好。而如果缺少了中国这个大市场，无论如何都不能说这个品牌是做到全球化了。

然而三十几年前，外国企业想进入中国，那是一个很难想象的事情，可是，经过几年不舍的努力，可口可乐公司还是做到了，他们用执着的精神实现了每一个梦想。

1978年，在中国外交史上发生了一件大事——中国和美国宣布自1979年1月1日起两国正式建立外交关系，没过多久，可口可乐就进入了中国市场。这表明可口可乐公司对中国的关注，也表明可口可乐已将自己作为一个友好的使者，从最贴近人们生活的饮品入手，把自己融进了中国，也把美国风以具体而细微的形式吹进了中国。

其实，可口可乐入住中国的时间可以追溯到1927年，1979年只是重返中国大地而已，只是这片土地上消费的群体发生了变化，从半个多世纪前的少数中国人到了半个世纪后的多数中国人。尽管二三十年代的中国人资金分配并不均衡，但是，中国人的消费能力并不低，1933年的时候可口可乐在中国的销量已经占全球第二位，或许这也是可口可乐公司待中美建交时第一时间宣布重返中国的原因之一，因为他们忘不了中国，他们也期待在中国续写新的辉煌，而他们的期待变成了现实。

可口可乐公司一直对中国念念不忘，早在1976年，他们就向中国伸出了橄榄枝。当时，中美两国还没有建立大使级外交关系，两国都只是在各国的首都设立了联络处，中方驻美方联络处的商务秘书是年轻的佟志广。有一天，办公室来了一位不速之客，他自称是美国可口可乐公司的总裁，名叫马丁。

"我希望能向中国出口可口可乐。"自我介绍完毕，马丁表明了来意。

"希望您明白，你们现在进入中国还为时尚早。"佟志广坦诚地说。

因为1976年的中国，还未与美国正式建交，而且封闭了多年的国人对西方的一切都很陌生，甚至还有一种拒斥心理。深深了解中国国情的佟志广知道，彼时彼刻，作为美国文化代表的可口可乐进入中国的时机欠佳，所以他婉拒了对方的要求。但是，可口可乐公司锲而不舍，他们并没有放弃自己的目标，他们用诚意先为自己挣得了进入中国的第一票。

从马丁踏入位于华盛顿的中国驻美国联络处的那一时刻起，联络处的冰箱里就多了可口可乐这种饮料，一直都没有断过，而且是免费的。

没过多久，佟志广和中国驻美联络处商务处的官员就被邀请到可口可乐公司位于亚特兰大的总部参观。这次参观给佟志广留下了深刻的印象，他觉得可口可乐公司的管理非常先进，产品的质量也远远高于当年的"中国制造"。他认为那是一群极其聪明的人，他们竟然把加上点甜味的水卖到了全世界，更神奇的是他们居然让人们把喝可口可乐当成了习惯。

"美国人真是精明啊，那时候就看准了中国这个市场。"在可口可乐已经在中国遍地开花的时候，佟志广感慨地说。

1977年，马丁再一次来见佟志广，此次是在中国的北京，马丁把佟志广约到了北京饭店，提出的要求仍旧简单明了——可口可乐想进入中国。

"您觉得这时候合适吗？"佟志广问马丁。

因为一年以前佟志广已经表明短时间内可口可乐进入中国是不符合实际的。因为新中国成立以后，出生在中国大陆的普通百姓，只在电影里见过可口可乐，多数是在美国士兵的手里见到的。当年罗伯特·伍德鲁夫没想到，他通过战争把可口可乐推向了有美军的战场，虽然让离家的美国游子感受到了乡情，也让那些被战争伤害的人产生了拒斥意识。更为重要的是，中国与朝鲜关系密切，抗美援朝战争全民总动员，支持北朝鲜和平独立的中国志愿军与支持南朝鲜的美国军队，在朝鲜半岛展开了激烈而残酷的斗争，刚刚结束国内战争的中国人民盼望和平，对美国与美国军人充满了反感，也因此把美军手里的可口可乐当成了糖衣炮弹，在感情上难以接受是可以理解的。再加上建国后中国大陆一直把西方的生活方式视为腐败堕落的，六七十年代对资产阶级的批判声更是一浪高过一浪。可口可乐作为这种生活方式的代表，在电影作品里经常是纸醉金迷的资产阶级和趾高气扬的美国军人的专利，所以那时可口可乐公司想在中国打开市场无疑是天方夜谭。

"您认为现在中国人能接受可口可乐吗？"佟志广觉得马丁对中国不够了解，他把问题又推给了马丁。

"我们在中国设厂，重点不是中国消费者，而是到中国的外国人，特别是欧洲人和美国人。"马丁说，"至于曾经提到过的美国士兵，这与我们的饮料没有什么关系，我们只不过是卖我们的甜汽水赚钱的商人。现在欧洲大部分国家都有我们的工厂，亚洲和非洲也有我们多家工厂，我们是商人，哪里需要我们，我们就到哪里去。"

佟志广觉得挺有道理，他点了点头。从表面上看，这是一次没有实质进展的接触，但实际上，这一次交流已经让时任中国粮油食品进出口公司部门经理的佟志广对可口可乐进入中国有了一个新的看法。

历史的车轮开进了1978年，那是新中国发展史上一个具有里程碑意义的年份，多年的政治动荡局面被扭转，人民生活秩序正常化。在这种大背景下，中国经济开始复苏，与其他国家的联系也比前些年增多了。经过中国粮油食品进出口公司总经理张建华和佟志广等人的努力，中粮公司与可口可乐公司进入实质性接触的阶段。但是双方的谈判也并不容易，当时表态可以进行这件事情的是国家副总理李先念，这足以说明可口可乐进入中国不仅是一个单纯的商业行为，它也许真的是一个政治信号，说明中国迎来了一个崭新的时期。

"前前后后一共进行了三次谈判。"当年负责谈判的中方代表孙绍金先生回忆时说，"我们经常向我们的老领导张建华请示，他指导我们怎么进行，最后终于成功地与可口可乐公司达成了协议，我们双方都很满意。"

张建华当年驻美国联络处，他与佟志广一同被邀请到可口可乐公司总部参观，他的观念特别开放，他认为中国与世界接轨必须在商业上有所体现。

1978年12月13日，对于中国和可口可乐公司都是一个重要的日子。那一天，中国粮油进出口公司与可口可乐公司在北京饭店签订了一份重要的合作协议。所以，在那一天，中国接纳了除港澳之外第一家进入大陆的外资企业，那一天，可口可乐公司在退出中国30年后重返中国市场。

在双方签订的协议里，规定了美国采用补偿贸易的方式和其他支付方法，向中国主要城市和游览区提供可口可乐制罐、装罐及装瓶设备，可口可乐公司在中国开设专厂进行灌装和销售。在可口可乐装瓶厂建成之前，从1979年起，用寄售的方式由中粮公司安排销售。所以，1979年，第一批进入中国的可口可乐从香港经由广州抵达北京，进入到了中国市场，虽然只是卖给外国人，但是可口可乐真真切切地回到了中国的土地上。

"清爽可口，芬芳提神"，1979年街头的巨幅广告上写着这八个字，一个可爱清纯的女孩面露微笑享受着可口可乐的甘甜滋味。当然，那时候中国还没有流行真人秀，可口可乐的广告上只是一个水粉画女郎，但是那女郎幸福的表情也足以说明可口可乐的"可口"与"可乐"。

费尽周折，1981年，第一个专门生产瓶装"可口可乐"的车间在北京建成并投产使用，大批量生产的可口可乐带着它独特的味道进入到了中国人民的日常生活中，此时距离马丁第一次去见佟志广已经有5年的时间了。

第三节　用我真心换你忠心

企业拥有善于倾听的耳朵，才能收获无数消费者的心。用真心征服顾客，得到的必定是顾客的一片忠心。

可口可乐多年来一直是全球最有价值的品牌，这一地位并非由可口可乐公司的业绩来决定，更重要的是这一品牌所拥有的无形的价值，那就是它在人们心中无可替代的饮品的地位。

打造这样一个经久不衰的金牌品牌当然不容易，这里面有

着可口可乐公司多年来一直奉行的以顾客为上帝的宗旨，他们想顾客之所想，永远把可口可乐与顾客需要紧紧联系在一起。

可口可乐走进中国成为中国人生活的一部分，它在中国的历程就充分体现了可口可乐公司的一贯主张。

一个多世纪以前，可口可乐不过是一个小药店的安神产品，可是今天它已经是全世界最普遍的饮料。可口可乐能走到今天，成为价值近千亿美元的超级品牌，这里面有着可口可乐公司一代又一代人的投入。可口可乐公司成功的原因之一就是，他们无论到哪个国家、哪个地区，他们都做到了真正的本土化。可口可乐公司在经营产品的时候，永远与当地人的渴望、习俗与文化结合在一起。

比如在中国，过春节的时候可口可乐的外包装上会印有憨态可掬的福娃。想象一下，在中国最重大的传统节日里，手中拿着一罐洋溢着喜气的可乐，心情当然舒畅。可口可乐公司在中国内地曾推出过一套十二生肖的灌装饮料，据说这是公司创立以来首次以中国文化为主题的一套纪念品。果不其然，产品投放市场以后，非常畅销，连香港民众都成箱地从内地购买。与胖乎乎的拜年福娃一样，十二生肖同样深入中国人心，这与那些单纯出卖饮品口味的公司不同，可口可乐公司似乎更注重消费者的精神需要。所以可口可乐的每一句广告词都饱含深情，这么多年来句句是经典，让人津津乐道，回味无穷。

"可口可乐与你一同喝彩，见证中国申奥成功！"

2001年中国7月13日，北京时间22点整，整个中国沸腾了！历经10余年，中国申办奥运会的愿望终于成功了！万众瞩目的2008年国际奥林匹克运动会主办城市在莫斯科揭晓，奥委会主席萨马兰奇在众人紧张的等待中宣布了结果——北京！

举国上下一片欢腾，可口可乐公司的中国生产厂也机器轰鸣，他们连夜生产了奥运纪念金罐，并且当即送往各地超市铺货，人们在金罐上看到了可口可乐与快乐同在的精神。而可口可乐那句贴心润肺的话感动了无数中国人，人们争相购买奥运金罐，也把可口可乐的温暖带回了家。这就是可口可乐，永远想着消费者需要的可口可乐。

因为中国申办奥运会是有过惨痛的失败经历的，因此2001年的成功方显得弥足珍贵。在中国人眼里，申办奥运会成功与否涉及到国家的尊严和荣誉。早在1991年国家体委、外交部、财政部和北京人民政府就联合向国务院报送了《关于申请在北京承办2000年奥运会的请示》，2月22日，北京市人民政府向中国奥委会正式提出举办2000年第27届国际奥林匹克运动会的申请，经由中国奥委会全体会议决议，同意北京申请承办第27届奥运会的候选城市申请。2月28日，国务院总理郑重地在《关于申请在北京承办2000年奥运会的请示》上批示了"同意申请"几个大字。从此，中国开始了申办奥运会的工作，人们期待着申奥成功，因为那是向全世界展示和证明中国风采和实力的盛会。

1991年5月13日，在北京惠侨饭店隆重地举行了"北京2000年奥林匹克运动会申办委员会"的挂牌揭幕仪式。在千年

交替之时举办一次象征着和平与进步的体育盛会无疑是一种巨大的荣耀，所以第一次申奥就牵动了全中国数亿人的心。遗憾的是，中国申奥受到了以美国为首的一些西方国家的抵制，虽然国际奥委会声明不会因任何外在因素违反奥林匹克的原则，但是最终北京还是以两票之差惜败给澳大利亚的悉尼，让数以亿计的中国人异常失望和愤怒。但是中华民族是一个坚强的民族和积极进取的民族，第一次申奥失败并没有让中国消沉，经过几年的不懈努力，2001年，中国人民终于听到了振奋人心的消息，北京申办2008年奥运会获得了成功。多年来淤积在心底的需要被认可的情绪终于得以宣泄，中国人民怎么能不举杯欢庆？这个时候可口可乐适时地推出了奥运金罐，当然说明他们听到了中国人的心声。

只有善于倾听的耳朵才能有善解人意的心，可口可乐当晚能生产出奥运金罐，说明他们早就做好了准备，这一次，他们收获了无数中国人的心。他们用真心征服了顾客，他们得到的必定是顾客的一片忠心。

可口可乐在中国的本土化可谓完全彻底，这也说明了为什么2002年的时候，中国能成为可口可乐公司在全球第六大市场，而且这些年，这个数字还在不断变小。

品牌所蕴含的价值就是它对人的关注和付出。可口可乐公司不仅占有市场，他们也在赚钱的同时关心身边的人和事，对那些需要帮助的人，他们从来都是慷慨解囊。

积极参与社会公益活动也使可口可乐的品牌更具人情

味。在中国，从1993年开始，可口可乐公司就加入到了赞助"希望工程"的行列，10多年的时间里，可口可乐公司就捐助了50多所希望小学，100多个希望书库给几万名儿童以重返校园的机会，并捐赠了近千万人民币帮助中国第一代农村大学生实现读书梦。可口可乐中国有限公司还与中国青基会和江西省青基会联合，在江西建立了可口可乐希望之星高中班，为那些渴望读书的学子提供了更好的教学环境。

可口可乐这么多年，致力于走进每个人的生活，从喜气洋洋的春节到万众狂欢的申奥成功，再到贫困地区教育问题，总之，可口可乐会在每一个角落出现，带给你甘甜和温暖，这就是可口可乐品牌的无形价值，世界再变，可口可乐与你同在的理念不会变。在中国如此，在世界各地都如此，因此可口可乐才会有如此巨大的成功。

可口可乐的营销策略环环相扣，每一环都与顾客相连。可口可乐公司提出可口可乐无处不在的要求，任何时候、任何地点，只要你想喝，伸手就可拿到。而且，可口可乐公司希望做到当人们想喝饮料的时候，首先想到的就是可口可乐旗下的产品。另外还有一点，就是物有所值，虽然可口可乐的产品会比同类贵一点，但是他们绝对会让消费者心理平衡。可口可乐公司的人把这三种消费策略称为"3P"策略，顾名思义，就是3个P，而每一个"P"都是一个英文单词的首字母，具体而言，Pervasiveness是无处不在，Preference是心中首选，Price to value是物有所值。

第九章 把文化灌进瓶子里

有了明确的目标，以真诚待人，可口可乐自然会成为你永远的朋友。

从1981年4月中国建立第一个瓶装"可口可乐"车间到现在，中国已经有了40多家瓶装厂，所以，只要你想，你随处可以得到你的可口可乐。在全世界，都一样。

Coca Cola

第十章　传奇的延续

Coca Cola

第一节　玫瑰战争

> 玫瑰战争的愈演愈烈，或许正因为每个"玫瑰"的缺点和优点同样鲜明，优点有多诱人，缺点就有多无奈，要想获得胜利，自省与谦逊是必不可少的筹码。

可口可乐公司是《财富》杂志评选的世界500强公司，在世界上有着无可比拟的影响，但是这个公司又是极为神秘的，人们只知道公司总部在美国亚特兰大市，但是内部的决策层如何分配权力，最高的权力者如何产生等种种问题，一直如谜团一样，不被外人了解。

可口可乐公司的传奇总裁罗伯特·伍德鲁夫，凭借高瞻远瞩的战略管理和大气磅礴的处事法则，把可口可乐塑造成了全世界最优秀的品牌。当年届90高龄、已然退休多年的伍德鲁夫从幕后现身，掀起了可口可乐公司多次出现的继任危机，有人形象地将之称为玫瑰战争。他们将几个继任者称为白玫瑰和红玫瑰，无论选择了哪一个，都会觉得充满遗憾，后悔没有选择另一个，这好像是一切大公司选择继任者的通病。可口可乐公司面临着一系列的危机，领导者身体虚弱，年龄偏大，恐怕也

时日无多，所以公司人心涣散，缺乏确定的方向和凝聚力。于是，公司董事会按照伍德鲁夫的吩咐举办了一场公开的竞聘，由六位候选人参加，进行自由竞聘。当时功勋卓著且交际广泛的唐·吉奥似乎胜券在握。但是，结果却令人大跌眼镜，首席执行官的重任落在了罗伯特·戈伊祖塔身上，吉奥铩羽而归。

罗伯特·戈伊祖塔是从公司技术部门提拔上来的执行副总裁，他性格谦逊，但是没有任何经营方面的经验，不过他与伍德鲁夫交情笃厚，他经常在下班回家的路上前去拜访风烛残年的伍德鲁夫，伍德鲁夫在最关键的时刻发挥了重要的作用。

吉奥屈居为戈伊祖塔手下的二号人物，第一次玫瑰战争开始了。有人说这正是伍德鲁夫的高明之处，因为一家独大，不如两种力量互相牵制，才能使得公司的发展更加民主透明。从这个二人领导小组第一次在纽约上任起，戈伊祖塔就表现出一贯的宽宏大量。

"这是个不错的选择，要知道，一家之言的时代已经结束，现在需要的不是孤胆英雄。"戈伊祖塔告诉华尔街的金融专家，"其实吉奥更适合做具体的工作，他所擅长的，我恰恰是白痴，因为他是绝对的专家，我的作用就是一无是处的作用，我信奉无为而治，要说我有一点点作用的话，不过是创造一种环境，让他们放手干就是了。"

在接下来的10多年里，吉奥和戈伊祖塔成了公司历史上工作效率最高的黄金搭档。二人的性格具有互补性。戈伊祖塔出身寒微，懂得基层的疾苦，所以他能从普通员工的角度考虑问题，深得民心；而吉奥能言善辩，甚至做过脱口秀节目的主持人，他风度翩翩，是具有绅士风范的领导者。戈伊祖塔喜欢静默思考，不喜欢夸夸其谈，总是喜欢坐在亚特兰大市北大街的公司总部办公室，一言不发，读书或是思考，好像一个伟大的商业哲学家；而风度翩翩的吉奥却喜爱四处周游，在灯红酒绿的酒店与客户推杯换盏，向他的追随者发表激情四射的演讲。吉奥喜欢出风头抢镜头，而谦逊的戈伊祖塔对此并无丝毫不快。私下里他对吉奥的工作赞赏有加，对吉奥本人也是赞不绝口。

当然，平静的海面下总是暗流涌动，从表面看，吉奥和戈伊祖塔的关系是和睦的，他们分掌着公司的权力，但在幕后，这些大人物之间的关系却有着微妙的平衡。吉奥与戈伊祖塔选定的继承人爱华仕水火不容，这是可口可乐公司尽人皆知的"秘密"。吉奥认为，自己才是可口可乐公司的当然继承人，爱华仕不过是只会拍马屁的小人罢了。吉奥总想揽下更多的功劳，如创建世界规模最大的瓶装厂等等，这些好大喜功的消息一直瞒着戈伊祖塔，直到最后一刻才公布，这当然引起了戈伊祖塔的不满，不过有着谦谦君子风度的戈伊祖塔不屑于争辩。

可口可乐公司员工都在严格遵守一项"棒棒糖规则"，这个有趣的规则是这样的，"我们要在两朵玫瑰之间寻找平衡，如果你给了戈伊祖塔一只棒棒糖，你最好也同样为吉奥准备同样大小的一只"。当然，大家对戈伊祖塔的为人都交口称赞，对吉奥却颇有微词："吉奥的麻烦在于，他总想出风头，抢镜

头，每次活动他都想做当然的主角，他希望自己在每一场婚礼上都扮演新娘，甚至在每一场葬礼上都想当死者。不管是什么活动，他都必须聚集闪光灯。"

1996年夏天，在可口可乐公司总部大楼第25层办公的人发现，深受全体员工爱戴的公司领导人、首席执行官戈伊祖塔先生的身体出现了可怕的衰老，他行动日见迟缓，讲几句话就伴随着一阵阵痛苦的咳嗽，公司上下的人都开始传言，这个可口可乐的领导者已经患上了不治之症肺癌。要知道在戈伊祖塔的带领下，可口可乐的市值连续16年迅猛增长，这段时间已经成为公司发展史上的一段传奇，诸多投资者因此获利颇丰，有人甚至成为百万富翁。但是，当戈伊祖塔逐渐显得力不从心的时候，可口可乐公司也将出现权力真空，有人预测会发生第二次玫瑰战争。

1997年10月，戈伊祖塔去世之后，玫瑰战争并没有结束，反而愈演愈烈。公司内部的积怨一下子爆发了，玫瑰战争成为了公开的斗争。爱华仕代表着约克家族，而吉奥则代表着兰开斯特雷家族的利益。继任的首席执行官爱华仕暂时获得了玫瑰战争的胜利，他上台后做的第一件事就是将兰开斯特雷家族的一些成员放逐，他把公司中职位最高的黑人高级顾问降了职，将自己的竞争对手内维尔·艾斯戴尔"流放"到英国担任一家瓶装厂的负责人。爱华仕晋升的时机实在是糟糕透顶。他并没有如前辈一样创造奇迹，相反，忽然爆发的亚洲金融危机，给可口可乐公司造成了毁灭性的打击。可口可乐的利润第一次出现了连年下滑，爱华仕没有能烧出新官上任的第一把火，从继任的第一天起就遇到了前所未有的困难。

第二节　被分成"两半"的吉奥

> 一个个性鲜明的企业领导者，经得起多少诋毁，就担得起多少赞美。

吉奥是一个强势的领导者，他最富于标志性的动作，从一见面的问候就开始了，他会和第一次见面的朋友热烈地握手，与此同时，将左手使劲拖住你的肘臂，这样显得热情而有威严。他身上好像有使不完的力气，这种活力和吉奥的年龄极不相称，有人说他年轻有活力，有人说他思想不成熟，评价不一而足。

吉奥十分迷信，一次公司里来了一位风水先生，吉奥对他言听计从，认为自己的诸多不顺是源自于风水的阻碍，于是他命令手下对办公室的装修做了大幅改动。还重新更换了电话，因为电话的颜色不利于吉奥事业的发展，在办公室里摆放了一个实物大小的陶瓷公鸡，这种古怪的装饰引来了公司上下的一致不满，大家认为公司的高层应该摆设代表公司形象的饰物，而不是莫名其妙的陶瓷公鸡。

可口可乐公司总部大厦外有四根旗杆，过去这里分别悬挂四面旗，美国星条国旗、佐治亚州的蓝色州旗、公司的红白旗帜，以及当日到访贵宾所在公司或所在国的旗帜，这样就会有一种明显的公司凝聚力，因为到访的往往是可口可乐公司遍布全球的瓶装商人和营销商。这样会使得到访者有一种宾至如归的感觉。但是这些旗帜却被固执的吉奥摘下了。他的理由很简单，可口可乐就是可口可乐，并不是哪个国家和组织的私有者，更不需要去逢迎讨好谁。从阿萨到伍德鲁夫再到戈伊祖塔，可口可乐公司延续下来的良好形象和亲民的沟通能力，在吉奥那里变得一文不值。

可口可乐公司的治理法则是最有趣又最不为外人所了解的。长期以来，监管可口可乐公司的董事会一直被称为老人的聚会，因为年纪过大，他们的思维和作风已经跟不上时代的步伐了，但是这些功勋卓著的老人往往都有固执又喜欢卖弄老资格的通病。有人将可口可乐的董事会戏称为养老院，这个波澜不惊的养老院，却是利益的纠葛体，各种陈年旧账和感情恩怨在这些老人的心中发酵、放大，谁都不愿意让步，谁都不愿意妥协。都想将自己的势力延续下去，但是他们都没有绝对的实力战胜对手。于是，可口可乐公司出现了很多奇怪的用人决定，他们经常炒掉首席执行官，又推出了充满新意的全球公开招聘，不过这种招聘也不过是权力斗争的牺牲品，没过多久就草草收场，被视为是公司任免制度史上的一场闹剧。

这个时候，有千年老二之称的吉奥终于登场了，唐纳德·吉奥一直想成为这出戏中的关键角色，现在终于如愿，他虽然没有再担任公司的主要领导，但是因为他势力强大且行为乖戾，一直被视为是公司的幕后老板，影响并操纵着可口可乐公司的发展。

有追随者认为：吉奥是可口可乐精神的真正传承者，他野心勃勃，又精力充沛，和可口可乐公司草创初期的行伍作风和牛仔品格极为相配，这种狂野的处事风格也被尊崇为不拘小节，能成大事。吉奥就是可口可乐公司的普罗米修斯和救世主，守护着公司文化的生命之火，让其绵延不熄。

更多人认为，戈伊祖塔去世之后，正是吉奥在幕后的出谋划策，才使可口可乐公司得以正常运转，实现再次辉煌。

吉奥性格中也有隐忍的一面，他曾经当了12年公司二把手，是戈伊祖塔最得力的助手——尽管两个人总是传出不和的传闻。

吉奥1993年从公司及董事会退休。但事实上，吉奥的工作才刚刚开始，他虽然不是总裁，更不是什么首席运营官，但是这些人无不对吉奥言听计从。吉奥从未真正离开过可口可乐公司。他继续充当公司的总顾问、幕后老板。在一场自编自导的修改公司章程之后，公司废除了董事会成员年龄不得超过74岁的规定，吉奥再度正式成为公司董事，这一切看起来都那么顺理成章，尽管吉奥已经77岁高龄了，但看起来，他似乎想一直干下去，并试图超越他的前任伍德鲁夫的长寿记录。

詹姆斯·威廉姆斯是亚特兰大阳光信用银行退休的首席

执行官，他从上个世纪70年代起进入可口可乐董事会。他说：

"毋庸置疑，我们需要吉奥，不管让他担任什么职务。当那些糊涂蛋不想他进入董事会的时候，我们就推举他成为资深顾问，要是他能回董事会，那还有什么比这更好的消息呢？"

但是，对另一些人而言，吉奥是公司的一大痼疾所在，他的老人哲学和老人政治，严重束缚了可口可乐的发展和活力。看起来，英雄人物总是被议论的中心，吉奥也和意大利著名小说家卡尔维诺的经典小说《一个被分成两半的子爵》一样，在这世上毁誉参半，有人说他是浑身涂满圣油的圣徒，是可口可乐的过去、现在和未来；也有人说吉奥不过是个沽名钓誉的家伙，是个排除异己的恶魔，他继续掌权只会毁了可口可乐。

吉奥太过频繁地插手可口可乐公司的事务，让人以为他是有着过多的权力欲望。从他的行为中，批评者往往可以看出他那破灭的权力梦想，他无比自负却又无法挽留逝去的青春。有人说他有任人唯亲的落后观念，更糟糕的是，他有自我交易之嫌，试图利用自己的小公司，从可口可乐公司中获得巨额利润。可口可乐公司的董事会成了吉奥的舞台，那些富有、有教养又睿智的绅士们不过是吉奥的小配角。

有的董事会成员很不满意："我是说那个巫师，原谅我使用了这么恶毒的字眼，不过他——你懂得他是谁——给我们下了可怕的咒语，让我们无法用自己的头脑思考，甚至无法用我们的嘴巴呼吸，这一切的始作俑者还在幕后指手画脚，醒醒吧，怯懦的白雪公主和七个小矮人，是时候了，那个巫婆也已

172

经衰老，不可能再兴风作浪了。"

可口可乐公司董事会中，另外有一些吉奥的辩护者则拿出了公司的经营数字来力挺这个日益衰老的掌门人。董事会成员吉米·威廉斯说："如果你就可口可乐公司的经营状况、利润、现金流和市场渗透力写五页文章的话，我们和过去几乎没有什么区别，但是总有人喜欢将大众的注意力引向他们需要的地方。我们对公司的发展态势非常满意。我们只是在前进的道路上遇到了一些麻烦，这些该死的麻烦是那么刺眼，让人们很难把注意力集中到公司身上来。"

没办法，谁让吉奥天生就是巨星相呢？千秋功罪，自有后人评说。

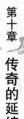

第三节　幸福是减法

> 生活的真谛不是锋芒毕露的加法，而是减少物质欲望的减法。

海尔2001年成为可口可乐公司的总裁候选人，最初的时候，人们一致看好他，认为他是最适合可口可乐的一颗神奇的子弹。但是没过多久，他强悍的性格就和可口可乐公司的文化发生了严重的冲突。

众所周知，可口可乐实际就是糖浆加上水，所以，公司对瓶装厂商格外优待，因为只有他们才能将公司送出的原浆变成风靡世界的魔水。公司中有句名言一直在高层流传："等到你的瓶装商开上凯迪拉克的时候，你才有资格开上别克、福特，因为他们才是产品的制造者，我们不过是一个产品概念的提供者。要知道，他们的好坏关系到我们产品的好坏，如果你的瓶装商开上别克、福特，那你就只好步行了。"

但是，海尔在考察期间就十分张扬。他坐的是一辆加长版的豪华奔驰，并且在富豪区买下了一栋豪华别墅。这些出格的消费，就连公司的元勋戈伊祖塔也没做过。就这样，海尔的做法在公司内部引起了强烈的不满。

公司内部有条不成文的规定，高级经理——总裁的候选人要尽量低调，不要抢风头。所以，个性张扬的海尔的做法引起了外界普遍关注，这其实是一个危险的信号。但是海尔对此浑然不知，还有愈演愈烈的趋向，他极力培养党羽，在公司内部培养了一批忠实的追随者，他们对海尔的每一个计划都赞赏有加，认为他有明确的商业计划和合理的企业预算，是一个伟大的领导者。

海尔的内心也随之无限膨胀，他甚至在好莱坞的摄影棚发表了自己的类似履职性质的演讲，这次演讲海尔舌灿莲花，让听众如醉如痴，在观众中引发了地震海啸般的反应。会后，可口可乐公司接到了无数索求演讲稿的电话，海尔本人还自得其乐，但是公司的高层警告海尔，做人要低调，不要随便接受采访，更不要发布什么主题演讲。

可口可乐公司的人调侃海尔，说他被公司判了无期徒刑——永远禁声。更有人直言不讳地说，海尔只注意自己出风头，内心根本没装着可口可乐公司，他不像伍德鲁夫那样殚精竭虑，又为人低调，更不像戈伊祖塔那样足智多谋，为人和善。单从性格的角度，海尔就在竞争总裁的路上被甩到了后面。

可口可乐公司的企业文化认为，公司的士气源自于一种信念，因为可口可乐不仅仅是一种深褐色的汽水，更是一种爱国主义的情怀，自由主义的精神，还有伍德鲁夫、戈伊祖塔等总裁留下的精神财富——全球视野、谦逊的性格。但是现在的规则被破坏了，公司内部因为海尔的出现变得倾轧，有些高层领导甚至没到退休年龄，就已经写好了退休的通稿，这种不近人情的做法令公司的员工人人自危，人们纷纷抱怨：现在已经把瓶子中的魔鬼放出来了，但是，没有人知道如何将这个魔鬼放回去。

另一位候选人杜达夫的性格走向了另一个极端，他性情犹豫不决，又反复无常。开始工作的时候，他每天都要和公司的幕后老板吉奥通电话，将吉奥的指导作为开展工作的金科玉律。

"能让老板说你自己愚蠢无比，实际上不是谩骂，而是一种褒奖。"杜达夫自嘲地说。但是渐渐地，杜达夫为了快速解决问题，本性也暴露无遗。他表现出了一位内部人士所说的

"神奇的子弹速度"。掌握人力资源没过几周，他便开始实施大规模的裁员计划，一下子削减了近万个职位，这引起了公司内部的普遍不满，这样做的目的虽然是为了将机构的设置变得合理化，但是很多人认为这是杜达夫的狭私报复，排除异己，培植党羽。

后来，杜达夫坦言这次裁员有些欠妥，因为公司只是裁掉了员工，但是没有考虑更深远的人员配置。可口可乐公司百年的管理秘籍是"全球化思维，本土化运作"。而杜达夫却将之变为"本土化思维，本土化运作"，这虽然在短期内能获得营业额的提高，但是从长远上看，未免视野有些狭窄。

杜达夫在基层工作多年，痛恨所谓的官僚主义作风，但是这种垂直管理执行起来有些简单粗暴。

公司的黑人总顾问帕特里克为公司立下了汗马功劳，他负责调查可口可乐公司哥伦比亚瓶装厂的罢工事件，并迅速地查出了真相。本来杜达夫允诺帕特里克公开事件的真相，不过杜达夫后来又反悔了，在新闻通稿中暗示这次罢工和种族倾向有些关系，直指帕特里克的种族身份，致使帕特里克愤然辞职，在公司内部引发了一场轩然大波。

这次事件愈演愈烈，美国著名的黑人人权领袖杰西·杰克逊对杜达夫的做法极为不满，于是，在可口可乐公司的年会上，杰西做了一次言辞激烈的演讲，极富煽动力。门外聚集了诸多的示威者，他们喊着口号，打出了大型横幅，上面写着："可口可乐是有毒的杀人可乐，是种族歧视的毒水。"这样的局面有渐渐失控的危险。于是公司的年会也开得有气无力，甚至有些失礼。

在主持人介绍公司高层的时候，董事会成员都无精打采，竟然没有一个人向听众鞠躬致意。杜达夫更是心不在焉。当有一个儿童向杜达夫提问的时候，杜达夫竟然半晌没有反应。

"您好，请问您听过可口可乐有毒的传闻吗？您认为在这样的情况下，我还能放心饮用可口可乐吗？"这个勇敢的孩子向杜达夫提问。

"喝吧，没事，喝吧。"杜达夫愣了半晌，"如果你父母允许的话，你就喝吧。"

杜达夫的回答，引发了听众更强烈的不满，认为杜达夫不过是在应付大众，于是一个激进的抗议者试图冲上主席台，教训一下这个狂妄的杜达夫。场面陷入混乱，有8名保安上场摁住了这个激进的听众。往年和谐无比的公司年会，在杜达夫的主持下，变成了一场你争我斗的闹剧。于是，公司高层对杜达夫的印象也大打折扣。

就这样，性情张扬的海尔，逐渐退出了总裁职位的竞争，虽然他的父亲曾是可口可乐公司幕后老板吉奥的挚友，但是海尔仍然被排除在选项之外；而性情反复的杜达夫有些刚愎自用，年会闹剧也使他逐渐丧失了在公司的话语权。

这时候，在法国南部海滩上享受人生的内维尔·艾斯戴尔进入了公司高层的视野，他被定为总裁这项工作的合适人选。

和创造世界名牌的人

一起放飞梦想

Let the dream fly

　　艾斯戴尔并不占有优势，他性情温和，身材高挑，总是彬彬有礼地面对任何危机，他热爱旅游，喜欢周游世界，这样一个优哉游哉的隐士，本来就不是总裁的最佳人选。而且艾斯戴尔曾经担任过可口可乐公司的运营经理，10年前在竞争公司最高职位的斗争中，惨败而归。当时高层对他的评价是，过于安静。

　　没想到，风水轮流转，10年之后艾斯戴尔又回到了公众的视野。艾斯戴尔所表现出的谦恭与自信，这种绅士作风正是可口可乐公司对其新首席执行官所要求的，这位深藏不露的隐士懂得生活的真谛：不是锋芒毕露的加法，而是减少物质欲望的减法。但是这样一个与竞争世界格格不入的性格，却赢得了这个世界上最大公司的青睐，艾斯戴尔顺利地成为了可口可乐公司的新掌门人。但是，艾斯戴尔也并不轻松，所面临的真正考验有很多，比如他能否直面过去的竞争失败，能否处理妥当和幕后老板吉奥的关系。他还要考虑如何调和公司内部的重重矛盾，还要应对大众对个性化的需求。

　　艾斯戴尔被任命为可口可乐公司首席执行官的第二天，便接受了《财富》杂志的电话采访，采访艾斯戴尔的时候，幕后老板吉奥就在话筒旁边，只要一有机会他就会插话。

　　"我相信，新可口可乐公司是一个伟大的公司，它一定会继续创造奇迹。"艾斯戴尔先是简要介绍了他的工作安排，并信心满满地说。

　　"艾斯戴尔是我们寻找了多年的接班人，我们相信他会成为我之后的新掌门人。"采访进行到一半时，吉奥突然插话。

"如果吉奥不过多插手公司事务的话，艾斯戴尔会取得更大的成就，但是这一切又有谁能说得清呢？要知道，即使吉奥躺在墓地里，他也会找到一条电话线，来保持和老朋友之间的联系。"后来，在公司内部流传着这样一种说法。

看来，可口可乐公司未来的路，还会延续戏剧性，还会延续精彩，创造奇迹。

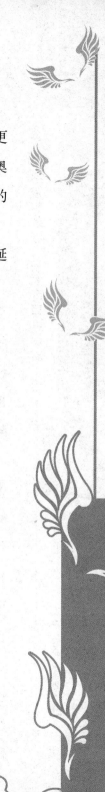

结　语

　　一天，可口可乐总裁戈伊祖塔来到世界上最小的国家之一——摩纳哥公国，在那里召开一个可口可乐公司的全球营销会议。蒙特卡洛市的旋转餐厅，戈伊祖塔坐在豪华的椅子上，闭目养神。一位服务员走过来让戈伊祖塔点菜，这个小伙子承诺，将给他带来"一样令人终身难忘的东西"。看到服务员神神秘秘的表情，戈伊祖塔并没有在意，以为服务员所指的就是陈年的葡萄酒。

　　没多久，服务员拿来了那个"令人终身难忘的东西"。令戈伊祖塔惊讶的是，拿上来的并不是他心中想的红酒，而是一瓶原装的经典口味的可口可乐。那一瞬间，戈伊祖塔惊呆了，他万万没有料到，自己的一个抉择，竟然从遥远的大洋彼岸，影响到了小小的摩纳哥公国，戈伊祖塔将这瓶熟悉的经典口味可乐拿在手里，陷入了沉思。罗伯特·戈伊祖塔忽然意识到，自己也许犯了一个不可饶恕的错误。

　　事实证明，可口可乐根本不需要做出改变，因为可口可乐不仅仅是一瓶水，而是被灌进瓶子里的美国文化。可口可乐已经成为美国通俗文化符号的代表，虽经百年，但是没有谁能替代它。